"无人经济"

商业分析 ✚ 行业应用 ✚ 实战案例

胡华成 ——— 编著

清华大学出版社
北 京

内 容 简 介

本书是结合当前十分热门的"无人经济"商业模式编写的，内容涉及"商业分析＋行业应用"。

全书通过两条线对"无人经济"的相关内容进行解读。一条线是"商业分析"，详细介绍了"无人经济"的相关概念、优势、不足、市场、前景、潜力、技术、用户以及引流等内容，让读者可以快速了解"无人经济"模式，看懂其商业本质。另一条线是"行业应用"，详细介绍了自助服务、无人零售、无人机、无人驾驶、无人仓储、无人物流、无人工厂和无人农场等"无人经济"形式的案例，让读者可以详细了解各种热门"无人经济"行业的相关信息。

本书逻辑架构清晰，适合对"无人经济"感兴趣的读者，特别是零售业、制造业、物流业以及科技领域相关的从业人员阅读。

本书封面贴有清华大学出版社防伪标签，无标签者不得销售。
版权所有，侵权必究。举报：010-62782989，beiqinquan@tup.tsinghua.edu.cn。

图书在版编目（CIP）数据

"无人经济"：商业分析＋行业应用＋实战案例 / 胡华成编著. —北京：清华大学出版社，2022.4

ISBN 978-7-302-60256-9

Ⅰ. ①无… Ⅱ. ①胡… Ⅲ. ①商业模式—研究 Ⅳ. ①F71

中国版本图书馆 CIP 数据核字（2022）第 034234 号

责任编辑： 杜春杰
封面设计： 刘　超
版式设计： 飞鸟互娱
责任校对： 马军令
责任印制： 丛怀宇

出版发行： 清华大学出版社
　　　　网　　址： http://www.tup.com.cn，http://www.wqbook.com
　　　　地　　址： 北京清华大学学研大厦A座　　**邮　　编：** 100084
　　　　社 总 机： 010-83470000　　　　　　　　**邮　　购：** 010-62786544
　　　　投稿与读者服务： 010-62776969，c-service@tup.tsinghua.edu.cn
　　　　质量反馈： 010-62772015，zhiliang@tup.tsinghua.edu.cn
印 装 者： 大厂回族自治县彩虹印刷有限公司
经　　销： 全国新华书店
开　　本： 170mm×240mm　　**印　　张：** 18.5　　**字　　数：** 244千字
版　　次： 2022年4月第1版　　　　　　　　　　**印　　次：** 2022年4月第1次印刷
定　　价： 68.00元

产品编号：093472-01

前言 Preface

要理解"无人经济",大家可以先看看下面这四个问题。

第一,"无人经济"是什么?

"无人经济"就是"基于智能技术实现各种无人值守服务的经济",目前已经广泛应用于零售行业、交通出行、物流配送、工业制造、农业生产、国防安全以及居民生活等领域。

第二,"无人经济"有何特点?

"无人经济"是高速信息化时代下的科技产物,通过深度结合与运用人工智能、射频识别、物联网、大数据、移动互联网等技术,让"技术"代替"人工",实现降本增效的作用。

第三,"无人经济"为什么会发展起来?

"无人经济"之所以流行,主要有四个方面的因素:一是技术的升级;二是政策的推动;三是消费方式的升级;四是劳动力成本的不断提高。

第四,"无人经济"的发展空间如何?

目前,"无人经济"还处在起步的阶段,在各种新科技的不断更新迭代下,"无人经济"将会融入更多的行业中,呈现出"遍地开花"的局面。

"无人经济"时代,传统企业所面临的已不再是颠覆或融合的问题,而是传统企业如何利用"无人化"的领先技术进行商业创新和模式改造。

本书从"无人经济"的商业分析和行业应用两大板块出发,向各位读者详细介绍了其技术、市场、产业布局以及应用场景等内容,希望能对读者有所启发。

本书通过12章内容、150多个案例、340多张图片,对"无人经济"的关键内容进行了全面的解读,希望可以帮助读者抓住"无人经济"时代的新机遇,学习"无人经济"的技术、思维和应用。

"无人经济"将成为中国经济、产业转型升级的重要坐标。

本书不是"无人经济"的宣言书,而是生动、全面体验"无人经济"的过去、现在和未来的实用读本。那些机器人正在夜以继日地"学习"我们的行为和思想,代替我们进行各种各样的工作,我们当然应该花点时间去了解它们……

因编写时间仓促,书中内容如有错误之处,欢迎指正。

编 者

2021 年 12 月

目 录 Contents

【商业分析篇】

第 1 章　概念解读："无人经济"带来无限可能　2

1.1　初识改变生活的"无人经济"　3

1.1.1　"无人经济"的概念 ·································· 3

1.1.2　"无人经济"的三个发展阶段 ························ 6

1.1.3　"无人经济"的核心逻辑是去中介化 ················ 12

1.2　"无人经济"为何受欢迎　13

1.2.1　"无人经济"节约成本、增加利润 ················ 13

1.2.2　"无人经济"并没有真正替代人工 ················ 15

1.2.3　"无人经济"的应用领域不断拓展 ················ 16

1.2.4　"无人经济"催生更多消费新体验 ················ 16

1.2.5　"无人经济"悄然融入人们的生活 ················ 17

1.3　"无人经济"面临的问题　19

1.3.1　监管："无人经济"不可无"监管" ················ 19

1.3.2　规范："无人经济"的创新发展不能缺少规矩 ······ 20

1.3.3　体验："用户体验"或成发展掣肘 ················ 21

第 2 章　市场分析：未来商业的新颠覆力量　24

2.1　遍地开花的"无人经济"　25

2.1.1　"无人经济"快速发展的主要原因　26
2.1.2　"无人经济"整体市场的增势迅猛　30
2.1.3　消费升级与政策推动促进发展　31
2.1.4　资本由疯狂涌入到趋向冷静　36
2.1.5　无现金支付交易规模增长迅速　38
2.1.6　逐渐兴起的无人服务设施遍布商圈　40

2.2　"无人经济"的发展趋势分析　41

2.2.1　"无人经济"是大趋势还是昙花一现　41
2.2.2　看上去很美，"无人经济"能走多远　42
2.2.3　"无人经济"的发展瓶颈　45
2.2.4　"无人经济"的盈利水平　45
2.2.5　开启加速模式，经营业态将更加多元化　49

第 3 章　技术革新：科技提升驱动消费升级　51

3.1　技术持续加持，"无人经济"潜在空间大　52

3.1.1　"无人经济"是科技颠覆，还是故弄玄虚　52
3.1.2　以科学技术为动力不断推动产品创新　55
3.1.3　让生活融入更多智能化消费场景　57

3.2　数字化技术驱动"无人经济"蓬勃发展　62

3.2.1　自动化技术颠覆传统劳动模式　62
3.2.2　云计算技术改变了信息提供的方式　65
3.2.3　大数据技术具有更强的决策力　69
3.2.4　物联网技术让万物皆可连接　71

3.2.5 人工智能技术让机器拥有智能 ·················· 73
3.2.6 移动互联网技术带来更多服务 ·················· 74

第4章 争夺用户："无人经济"抢占流量入口　　77

4.1 "无人经济"如何解决"有人"的矛盾　　78

4.1.1 "无人经济"来了，"有人经济"怎么办 ·············· 78
4.1.2 前景可期的"无人经济"仍需回归人的本质 ············ 79
4.1.3 真正的"无人经济"并非"无岗经济" ·············· 80
4.1.4 用户才是"无人经济"的真正"风口" ·············· 82
4.1.5 提升用户体验、抓住用户需求痛点的"无人"才长久 ······ 83

4.2 流量红海下如何抢夺用户时间　　87

4.2.1 定位：描绘精准的用户画像以开发产品 ·············· 88
4.2.2 场景：多元应用场景抢夺用户时间 ················ 90
4.2.3 产品：优质的产品体验增加用户黏性 ··············· 91
4.2.4 注意：不能以牺牲消费体验为代价 ················ 93
4.2.5 跨界：学会用跨界合作吸引更多用户 ··············· 95
4.2.6 打通：实现线上线下的双向导流 ·················· 96

4.3 实现引流—体验—转化的八种方法　　97

4.3.1 免费式：免费，快速吸引用户眼球 ················ 97
4.3.2 福利式：爆款，轰动效应，口碑传播力量大 ··········· 99
4.3.3 抵用式：将门店的消费人群转化成购买用户 ··········· 100
4.3.4 买赠式：赠品实实在在，提高用户积极性 ············ 102
4.3.5 咨询式：用免费服务与用户产生交流 ··············· 103
4.3.6 捆绑式：利用畅销品带动"无人经济"的销售 ········· 103
4.3.7 招募式：吸纳粉丝，转化成消费者 ················ 104
4.3.8 定向式：获得精准的目标消费人群 ················ 105

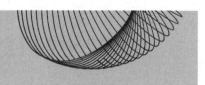

【行业应用篇】

第5章 自助服务：满足用户的多样化消费需求　　108

5.1 无人自助服务，省时省事更省心　　109

5.1.1 更好地满足用户的需求　　109
5.1.2 降低商家的投入成本　　109
5.1.3 减少排队等候时间　　110
5.1.4 可以吸引更多用户　　112
5.1.5 实现24小时营业　　113
5.1.6 可以广泛布点　　114

5.2 带来智能生活新体验的常见自助服务　　115

5.2.1 迷你KTV　　115
5.2.2 无人书店　　116
5.2.3 共享单车　　118
5.2.4 共享汽车　　119
5.2.5 自助洗车　　121
5.2.6 自助银行　　124
5.2.7 无人按摩椅　　125
5.2.8 自助健身房　　126
5.2.9 自助打印机　　128
5.2.10 自助洗衣房　　129

第6章 "无人零售"：让产品更贴近目标消费群　　130

6.1 "无人零售"迎来理性沉淀期　　131

- 6.1.1 新零售的新"风口"："无人零售" ... 131
- 6.1.2 "无人零售"的主要优势 ... 134
- 6.1.3 "无人零售"的三个核心关注点 ... 137
- 6.1.4 "无人零售"的用户运营 ... 140
- 6.1.5 "无人零售"的品牌营销 ... 142

6.2 "无人零售"的主要类型　145

- 6.2.1 店铺型：F5未来商店 ... 145
- 6.2.2 货架型：猩便利、NOW无人货架、"丰e足食" ... 148
- 6.2.3 盒子型：缤果盒子、云拿科技 ... 151
- 6.2.4 货柜型：魔盒CITYBOX、视达 ... 153
- 6.2.5 自助社区店模式：觅橱科技 ... 156

第7章　无人机：开启空中机器人竞争的新跑道　157

7.1 无人机的行业发展　158

- 7.1.1 无人机的种类 ... 158
- 7.1.2 无人机的发展历程 ... 161
- 7.1.3 无人机的市场和趋势分析 ... 162

7.2 无人机的十大常见种类　164

- 7.2.1 "密码"无人机 ... 164
- 7.2.2 多功能无人机 ... 164
- 7.2.3 长时留空无人机 ... 165
- 7.2.4 空战无人机 ... 165
- 7.2.5 预警无人机 ... 166
- 7.2.6 隐身无人机 ... 166
- 7.2.7 微型无人机 ... 167
- 7.2.8 固定翼飞机 ... 167
- 7.2.9 单旋翼直升机 ... 168

- 7.2.10 多旋翼直升机 — 168

7.3 民用无人机的应用领域 — 169
- 7.3.1 航拍摄影 — 169
- 7.3.2 警用安防 — 172
- 7.3.3 工业应用 — 173
- 7.3.4 应急救援 — 174
- 7.3.5 农业应用 — 175

第8章 无人驾驶：让汽车自主行驶成为可能 — 177

8.1 深度解析无人驾驶汽车产业 — 178
- 8.1.1 无人驾驶汽车的定义 — 178
- 8.1.2 无人驾驶汽车的关键技术 — 180
- 8.1.3 无人驾驶汽车面市需解决监管体系问题 — 183

8.2 无人驾驶未来的三种商业模式 — 184
- 8.2.1 场景一：B2C — 185
- 8.2.2 场景二：B2B2B — 186
- 8.2.3 场景三：B2B2C — 186

8.3 无人驾驶的八种技术应用场景 — 187
- 8.3.1 自动驾驶汽车 — 187
- 8.3.2 无人驾驶出租车 — 189
- 8.3.3 低速无人物流车 — 190
- 8.3.4 无人配送车 — 193
- 8.3.5 环境卫生服务无人车 — 195
- 8.3.6 无人驾驶巴士 — 197
- 8.3.7 码头机场无人车 — 199
- 8.3.8 矿山开采无人车 — 201

第 9 章　无人仓储：实现物品的高效有序管理　　204

9.1　无人仓储得以发展的原因　　205

- 9.1.1　传统的仓储管理成本较高 …… 205
- 9.1.2　先进设备与智能软件的促进 …… 206
- 9.1.3　AGV 机器人市场增长迅速 …… 208
- 9.1.4　自动分拣系统的优势明显 …… 210
- 9.1.5　RFID 的发展空间极大 …… 211

9.2　无人仓储技术的分类　　213

- 9.2.1　自动化立体库 …… 213
- 9.2.2　搬运机器人 …… 215
- 9.2.3　无人输送系统 …… 216
- 9.2.4　人工智能算法 …… 217
- 9.2.5　自动感知识别技术 …… 218

9.3　无人仓储的应用案例　　219

- 9.3.1　阿里巴巴菜鸟无人仓 …… 220
- 9.3.2　苏宁"超级云仓" …… 221
- 9.3.3　京东"亚洲一号"无人仓 …… 223

第 10 章　无人物流：解决运输的"最后一千米"　　225

10.1　无人物流的基本分析　　226

- 10.1.1　无人物流的优势 …… 226
- 10.1.2　无人物流的瓶颈 …… 227
- 10.1.3　无人物流的趋势和展望 …… 227

10.2　无人物流的配送方式　　228

    10.2.1 移动机器人配送 228
    10.2.2 无人驾驶汽车配送 230
    10.2.3 无人驾驶卡车配送 231
    10.2.4 无人机配送 232

  10.3 无人配送的助力——无人快递柜 234
    10.3.1 无人快递柜的发展背景 234
    10.3.2 无人快递柜的发展现状 236
    10.3.3 无人快递柜的成本分析 237
    10.3.4 无人快递柜的发展阻碍 238
    10.3.5 无人快递柜的发展趋势 240
    10.3.6 无人快递柜的应用案例 240

第11章 无人工厂：自动化生产成为一种必然趋势 243

  11.1 了解无人工厂的基础知识 244
    11.1.1 无人工厂的定义 244
    11.1.2 无人工厂的优势 245
    11.1.3 无人工厂的弊端 246
    11.1.4 无人工厂的发展史 246
    11.1.5 无人工厂的影响和意义 249

  11.2 六大无人工厂案例分析 252
    11.2.1 美的全智能无人工厂 252
    11.2.2 上海通用金桥工厂 254
    11.2.3 海尔"透明工厂" 256
    11.2.4 SAP的数字化制造方案 258
    11.2.5 正大食品无人水饺工厂 259
    11.2.6 李群自动化工业机器人 261

第 12 章　无人农场：解放劳动力的农业新模式　264

12.1　无人农场概述　265

12.1.1　无人农场的定义 ……………………………………… 265

12.1.2　无人农场的机械设备 …………………………………… 266

12.1.3　无人农场的关键技术 …………………………………… 267

12.2　无人农场的发展原因　271

12.2.1　农村劳动力呈现出老龄化现象 ………………………… 271

12.2.2　"机器换人"是大势所趋 ……………………………… 272

12.2.3　信息技术进步的推动 …………………………………… 273

12.3　无人农场的应用场景　274

12.3.1　无人大田农场 …………………………………………… 274

12.3.2　无人果园农场 …………………………………………… 276

12.3.3　无人温室农场 …………………………………………… 278

12.3.4　无人牧场 ………………………………………………… 279

12.3.5　无人渔场 ………………………………………………… 279

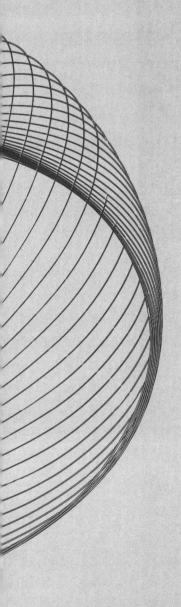

【商业分析篇】

第1章

概念解读:"无人经济"带来无限可能

其实,"无人经济"并不是一种新鲜事物,我们身边处处都可以看到它的身影,如无人餐厅、无人取款机、无人快递柜、无人售货机以及无人KTV等,相信很多人或多或少地都接触和体验过。那么,到底什么才叫作"无人经济"呢?本章将带你了解"无人经济"的概念、优势和不足。

1.1 初识改变生活的"无人经济"

从 2020 年年初开始，由于某些特殊原因，全球线下经济都面临了暂时性的困难，与此同时，各种新经济和新产业也迎来了新的发展机遇。

其中，最大的亮点之一是"无人经济"这个概念的兴起，尤其是"无人经济"的应用场景，相信很多人都印象深刻。例如，农民用无人机给农作物打农药，如图 1-1 所示。再如，快递小哥将包裹放入无人快递柜，方便收件人取货。

图 1-1 无人机打农药

"无人经济"作为一种全新的商业模式，不仅充满了不确定性，还带来了更多想象空间。

1.1.1 "无人经济"的概念

"无人经济"就是"基于智能技术实现各种无人值守服务的经济"。

这种"无人服务"的应用领域和服务形式也是多种多样的，如新零售、娱乐、出行、工业制造、农业生产、国防安全、居民生活以及医疗健康等。

尤其在5G技术飞速发展的当下，相关行业的从业者应该把握好"无人经济"的发展机遇，将"无人经济"扩展、渗透至全产业链，深度融入人们的日常生活中，提升人们的消费体验，建设城市便捷生活圈。

举个很简单的例子，我们在逛大型商场时，经常可以看到显眼的角落里有很多被透明玻璃围起来的小隔间，里面有高脚凳、麦克风、耳机和一个超大的屏幕，其实这就是一个小小的无人自助KTV。这种自助KTV是无须服务员服务的，用户只需用手机扫码、登录，即可自助点歌、付费并尽情唱歌，如图1-2所示。

图1-2　无人自助KTV

大家不要小瞧了这个小小的空间，搭载"无人经济"风口的自助KTV吸引了大量的入局者，如全民K歌（腾讯旗下）、友唱M-Bar、咪哒唱吧、雷石WOW、聆嗒miniK以及loveSing等，同时也有很多品牌合作商加盟。

同时，很多传统企业和互联网巨头也在积极布局"无人经济"这种新型商业形态。例如，TAOCAFE（淘宝会员店）就是由阿里巴巴推出的线下无人超市，占地达 200 m^2，可容纳 50 人以上，集零售、餐饮等功能于一身，如图 1-3 所示。

图 1-3　TAOCAFE（淘宝会员店）

TAOCAFE 中不仅摆放了各种玩偶、笔记本等各类商品，还可以进行自助订餐，同时还会根据用户的消费习惯和消费行为来调整货品的数量与陈列方式。TAOCAFE 的自助购物流程如图 1-4 所示。

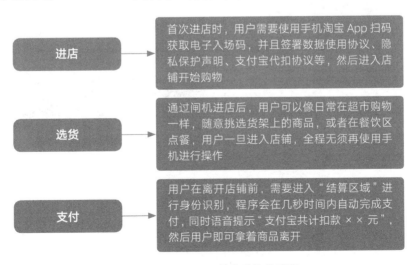

图 1-4　TAOCAFE 的自助购物流程

当然，TAOCAFE只是"无人经济"的一个雏形。"无人经济"映射的是人口红利的逐步消退，以及劳动力结构的改变，在这样的背景下，各种自助服务、无人零售、无人机、无人驾驶、无人仓储、无人物流、无人工厂以及无人农场等新兴产业不断崛起。

"无人经济"带来的创新消费模式的兴起可以使企业大大节省劳动力资源，使普通用户获得更多便捷、高品质的消费体验。

1.1.2 "无人经济"的三个发展阶段

"无人经济"并不是当下的时代产物，它其实由来已久，甚至在20世纪30年代就已经初见雏形。早在1937年，美国可口可乐公司就在加油站投放了投币式自动售货机，有点类似现在的抓娃娃机，如图1-5所示。这可以被看作最古老的"无人经济"模式。

图1-5 投币式自动售货机和抓娃娃机

如今，随着自动化、云计算、大数据、物联网、人工智能以及移动互联网等技术的发展，"无人经济"这种商业形态越来越普及，进入新的"无人经济"阶段。

1. 前"无人经济"时代

前"无人经济"时代为20世纪到21世纪初,其代表产品为自动售货机,业务范围仅限于食品和饮料,支付方式为投币,初步实现了"24小时无人营业"的商业形态。

2. 网络"无人经济"时代

网络"无人经济"时代为2000—2015年,其代表产品为无人售货机和无人洗车机,业务范围为日常用品和生活服务,支付方式为在线支付,主要特点为"提供便捷的产品和服务"。

最常见的就是加油站和路边的无人洗车机,如图1-6所示。这种无人洗车机不仅可以节省人工费用,还可以实现全天24小时营业,增加了商家的收入。同时,通过这种高效的洗车方式,商家能够提升客户的黏性,精准锁定客户群体,获得更多商业机遇。

图1-6 无人洗车机

在网络"无人经济"时代,商家为用户提供了一种完全自助的购物形式,不管是选购商品或服务,还是支付取货,用户都可以获得"全流程无人化"的消费体验。

3. 新"无人经济"时代

新"无人经济"时代从 2015 年开始,其代表产品为无人便利店、无人书店、无人工厂、无人送餐、无人驾驶以及无人物流等。新"无人经济"时代的业务范围已经扩展到全领域,而且拥有更高效便捷的在线智能识别支付方式,其主要特点是"去中介化",不仅能满足消费者的个性化需求,还能提升企业的经营效率。

例如,饿了么研发的送餐无人机 E7 最高飞行时速可达 65 km,最大载重为 6 kg,可以承载 8~10 份外卖,能够让外卖配送更加安全、高效,如图 1-7 所示。

图 1-7　饿了么送餐无人机

再如,京东 X 事业部推出的智慧物流实验室,就是一个由机器人、人工智能算法和数据感知网络打造的全流程智能无人仓。在这个无人仓中,商品的入库、存储、包装和分拣等工作全部由机器人完成,如图 1-8 所示。

刘强东曾说:"未来,零售的基础设施将变得极其可塑化、智能化和系统化,推动'无界零售'时代的到来,实现成本、效率、体验的升级。"

图 1-8　京东无人仓

在物流配送方面,京东推出的无人配送机器人能够实现全程自动行驶,而且可以覆盖周边 200 km² 以内的区域,如图 1-9 所示。京东以人工智能为核心打造的智慧物流体系不但可以提升物流效率,还可以让消费者的购物体验得到很大程度的改善,重塑整个物流行业的新格局。

图 1-9　京东无人配送机器人

再如,亚马逊推出的无人便利店——Amazon Go,使用了大量的计算机视觉、深度学习以及传感器融合等技术,完全颠覆了传统零售的收银结账模式。其显著特点是离店支付无须任何操作,用户可以"即拿即走",

如图 1-10 所示。

图 1-10　Amazon Go 无人便利店

用户只需在手机上安装一个 Amazon Go 的 App，扫码进入门店后即可选购商品，Amazon Go 的传感器会自动计算用户有效的购物行为，当用户离开门店后，系统会根据他们的消费情况在亚马逊账户上自动完成结账。

在百花齐放的新"无人经济"时代，几乎所有的商业形式都可以跟"无人经济"挂钩。相关行业的从业者需要以消费者为中心，凭借各种先进技术和经营理念，用数字化手段整合和优化"无人经济"的供应链，并结合系统性的数据分析方法实现价值链的优化和协同。

总而言之，"无人经济"的诞生是时代的趋势，其催生因素主要包括技术、消费升级和行业竞争。

（1）技术。大数据、云计算、移动支付、智慧物流以及互联网金融等技术能够将"云""网""端"深度结合在一起，从而让无人系统变得更加智能化和自助化。例如，自助收银通过自助扫码结算降低人力成本，用户通过扫产品条形码即可实现自助购物和自助支付，如图 1-11 所示。

图 1-11 无人自助收银系统

（2）消费升级。随着社会数字化程度越来越高，消费者的生活方式、人群主体、消费观念和消费习惯发生了天翻地覆的变化，具有强烈的品质消费趋势和体验化消费趋势，同时产生了新一代的价值主张，如图 1-12 所示。

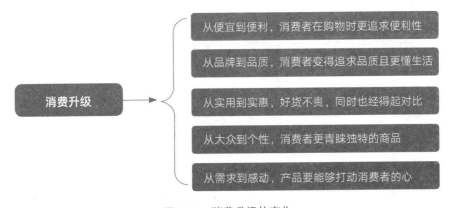

图 1-12 消费升级的变化

（3）行业竞争。随着全球实体行业的发展放缓，各行各业亟须寻找新的增长动力。国内的传统行业竞争非常激烈，商业形态涌现出多元化的发展趋势。大企业都在深化新的商业战略，抢占制高点，确保在竞争中取得胜利。

在新"无人经济"时代，消费者和智能终端的关系变得更加紧密，而数字化则成了重构"无人经济"的核心所在,可以给消费者带来更好的消费体验,让他们可以随时、随地、随心所欲地进行消费。

1.1.3 "无人经济"的核心逻辑是去中介化

目前,"无人经济"的商业模式大多是C2C和C2S这两种类型,更加重视消费者的地位,如图1-13所示。

图1-13 "无人经济"的商业模式

"无人经济"模式与传统经济模式的主要区别在于营销路径不同,如图1-14所示。

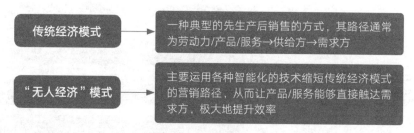

图1-14 "无人经济"模式与传统经济模式的主要区别

专家提醒

与传统经济模式相比,"无人经济"模式的主要优势如下。
- 中间的劳动输出和资源浪费大幅减少。
- 商业交易成本大幅降低。
- 商业交易的效率得到大幅提高。

总的来说,"无人经济"模式将传统经济模式的中间环节去掉了,是一种"去中介化"的商业模式,如图1-15所示。

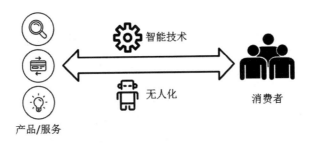

图 1-15 "无人经济"模式的"去中介化"商业逻辑

1.2 "无人经济"为何受欢迎

"无人经济"对于商家、企业、消费者以及各个中间环节都有无可比拟的优势,吸引了很多人争相体验,这也是它受人们欢迎的主要原因。同时,政府也非常认可和支持这种新的商业模式,推出了一系列扶持政策。各大资本对"无人经济"模式也青睐有加。在这样的背景下,"无人经济"得到了飞速发展。

1.2.1 "无人经济"节约成本、增加利润

对于商家来说,"无人经济"带来的最大优势就是节约了大量的经营成本。以便利店为例,"无人经济"无须人工成本,而且租金也更低,这样等于间接地增加了商家的利润,比较典型的例子就是缤果盒子的无人便利店,如图 1-16 所示。

在缤果盒子的无人便利店中,用户只需简单 4 步即可完成购物,具体流程如图 1-17 所示。缤果盒子采用数据化的后台管理系统实现货架管理、商品采集、用户画像的数据处理,只需 4 个人即可轻松管理 40 家店铺,不仅大幅提高了交易效率,还降低了交易成本。

同时,店中没有任何营业员和收银员,而且通过"机器自动化 + 智能算法"来取代人工操作,给用户带来便捷的消费体验,如图 1-18 所示。

图 1-16　缤果盒子的无人便利店

图 1-17　缤果盒子的无人便利店购物流程

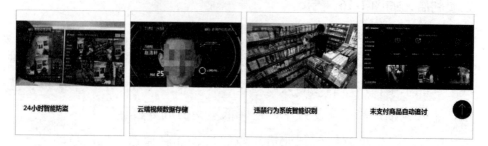

图 1-18　缤果盒子的无人值守功能

1.2.2 "无人经济"并没有真正替代人工

对于相关领域的从业者来说,很多人担心"无人经济"不仅会让自己失业,还会对多个行业造成影响。

其实,"无人经济"并没有完全地取代人工,而是通过各种智能化技术来打通商业环节中的弱项,其中很多地方还是需要人去管理的。

另外,"无人经济"并没有完全落地,它只是一种商业趋势,对于就业问题来说,目前也没有什么实质的影响。而且,"无人经济"的核心也并不是"无人化",而是通过"智慧运营"的技术来提升人们的消费体验。

"无人经济"需要用到很多技术,但这些技术的后台操作以及设备的维护仍然需要人来进行管理,如图1-19所示。目前来看,"无人化"针对的只是前端服务,而后台的所有技术开发都是由人完成的,这一点也是机器无法取代的。

图1-19 无人技术(人工智能)的后台系统操作界面

也就是说,"无人经济"只是减少了无效的劳动力,节约了大量的人工成本,同时还可能创造出更多新的就业机会。

1.2.3 "无人经济"的应用领域不断拓展

对于市场应用来说,随着各种智能化技术的发展和创新,越来越多的行业开始进入"无人经济"领域,其主要应用场景分布如图1-20所示。

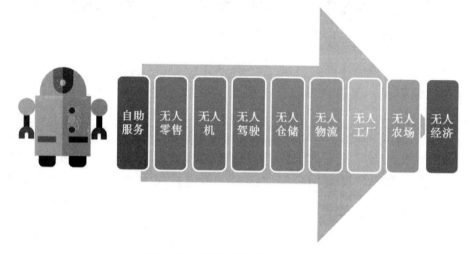

图1-20 "无人经济"的应用场景

例如,就无人零售行业来说,出现了无人货柜、无人便利店、无人超市等多种"无人经济"形态。同时,在服务业、制造业、运输业、物流业以及农业等领域中,都出现了"无人经济"的身影,其应用领域越来越广。

1.2.4 "无人经济"催生更多消费新体验

对于消费者来说,"无人经济"将会催生更多新的消费体验,极大地方便人们的生活。例如,济南某商场中的一个摊位就吸引了很多路人围观,这个摊位里的做面塑展柜上放置了一个"自助购物"桌牌,这个摊位靠这个桌牌月营业额轻松过万元,如图1-21所示。

图1-21 自助面塑摊位

也许大家对于无人货柜、无人按摩椅、无人KTV、无人图书馆或者无人停车场等这些"无人经济"模式已经习以为常了，但这种无人摊点却还是比较新颖的。"无人经济"模式在各个行业中拥有非常明显的优势，且具有一定的先进性。

当然，需要注意的是，企业或创业者在布局"无人经济"模式时，除了新鲜有趣，还需要给其注入一些"人情味"，以便吸引更多不同年龄层次的用户关注和体验。

1.2.5 "无人经济"悄然融入人们的生活

在繁华的都市街头、商场、小区和公园内，各种"无人经济"模式随处可见，让都市生活变得更加便利和快捷。

例如，在有点儿规模的小区里面都有各种无人快递柜，人们没有时间当面签收包裹时，就可以让快递员将其放到这些快递柜中，闲暇时在快递柜上用手机扫码即可取件，既安全、方便，又省时、省力，如图1-22所示。

图 1-22 无人快递柜

再如,在很多超市的入口处通常可以看到一排儿童游戏机。这些游戏机没有专门的人员看守,用户只需在自动出币机上扫码买游戏币,即可玩各种游戏机,如图 1-23 所示。商家可以通过手机远程查账,还可以获得额外的广告收入。

图 1-23 自动出币机

由此可见,"无人经济"的浪潮已经蔓延到城市的各个角落,并且全面融入人们的生活,覆盖了日常生活的方方面面。同时,随着智能技术的进步和消费升级,"无人经济"模式也会变得更加人性化、个性化、多样化,通过将线上与线下融合,使人们获得更好的消费体验。

1.3 "无人经济"面临的问题

"无人经济"的快速发展,表面上得益于科技进步,其实本质上是对消费方式的升级,未来的发展趋势不可阻挡。当然,当下"无人经济"仍面临一些比较棘手的问题,这些问题分别涉及监管、规范和体验等方面,本节将进行具体分析。

1.3.1 监管:"无人经济"不可无"监管"

首先,"无人经济"需要面对监管的难题,除了相关的政策法规外,很多用户还进行了质疑,如图 1-24 所示。

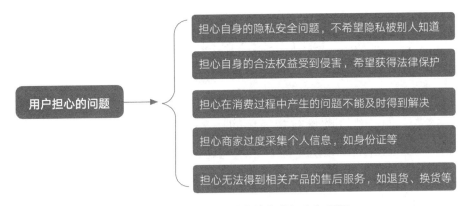

图 1-24 用户对"无人经济"的担心和质疑

由于"无人经济"的发展速度非常快,市场甚至没有反应过来,因此目前的市场监管机制仍然不够完善,缺乏相关的法律、法规和监管机构。因此,"无人经济"中产生了很多"模糊地带"和"空白地带",

很多问题都游走在法律的边缘。

在"无人经济"模式下，既没有服务人员，也不需要进行现金交易，但规矩和监管是不能缺少的，否则市场将变得一片混乱。正处于起步阶段的"无人经济"模式，很多标准还不够明确，如图1-25所示，这容易让市场变得混乱，并由此产生一系列的消费问题。

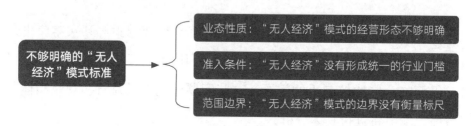

图1-25 不够明确的"无人经济"模式标准

因此，政府和相关部门急需推出相关的法律法规和监管机构，在制定"无人经济"模式的相关标准的同时，还需要全面履行监管职责，这样才能堵住市场的监管漏洞，让消费者和商家的合法权益都能够得到有效保障，同时也让"无人经济"模式能够实现健康良好的发展。

1.3.2 规范："无人经济"的创新发展不能缺少规矩

如今，"无人经济"已经成为不可忽视的新商业模式，各种消费场景下的人工服务也在逐渐被智能化的技术手段所代替，因此相关企业需要制定合理的规范来预防可能存在的问题。

例如，商务部曾表示将适时发布《零售业技术创新框架》，同时中国连锁经营协会（China Chain-Store & Franchise Association，CCFA）还联合多家正在运营无人值守商店的零售企业共同推出了《无人值守商店运营指引》，对无人值守商店进行了有效的规范和指导，如图1-26所示。

《无人值守商店运营指引》中对于无人值守商店的运营条件、管理模式、商品管理、售后服务、数据管理、设备管理、店铺选址、安全管理以及应急处理等事项都进行了明确的规定。

图 1-26 《无人值守商店运营指引》封面

对于"无人经济"模式来说，制定必要的规范非常重要，能够使无序的商业现象处在可控范围内，从而让行业走上一条相对安全的发展道路。

1.3.3 体验："用户体验"或成发展掣肘

与传统经济模式相比，"无人经济"模式没有人工服务，在消费体验上可能有很多人刚开始会不太适应，因此"用户体验"的不足也许会成为"无人经济"模式的发展掣肘。

就消费体验方面来分析，对于用户的个性化消费需求，"无人经济"目前的技术还不能够完全满足。但是，从长远来分析，"无人经济"模式不仅可以降低商家的经营成本，还可以给用户带来实惠，其发展前景还是非常明朗的。

对于"无人经济"模式的上游企业来说，不断提升服务技术，在销售或者收款环节改善消费流程，对于提升用户的消费体验是很有帮助的。例如，缤果盒子的无人便利店在提升用户导向的体验上就做得很好，店铺的迎宾灯、主灯箱和店内灯光会随着用户的状态进行调整，分为"安静等待""欢迎光临""安心选购"等展现效果，如图1-27所示。

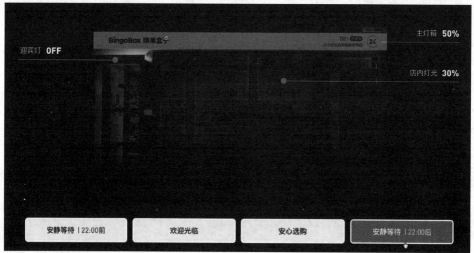

图1-27 无人便利店的灯光设置效果

缤果盒子开发了40项专利技术，包括全智能商品感应识别、智能识别防盗系统、在线自助结算系统以及远处客服适时协助功能等，通过技术赋能无人零售，极大地提升了用户的消费体验。

另外，缤果盒子还推出了"小范FAN AI"无人零售管家系统，其中涵盖了图像识别结算、动态货架、人工智能后台方案等功能，如图 1-28 所示，让无人零售有了属于自己的"灵魂"，从而为用户提供个性化的销售服务。

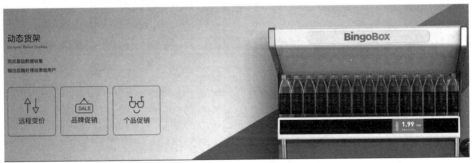

图 1-28　缤果盒子的部分无人零售技术

专家提醒

动态货架主要采用人工智能、机器学习和大数据等技术来构建与用户进行沟通的界面，从而实现"远程变价""品牌促销""个品促销"功能，有助于提升用户的购买意愿和消费体验。

第 2 章

市场分析：未来商业的新颠覆力量

近年来，我国各领域都涌现出了大量的"无人经济"模式。资本的狂热追逐使"无人经济"行业出现了爆发式的增长态势。本章主要对"无人经济"模式的市场进行分析，包括其现状和发展趋势等内容。

2.1 遍地开花的"无人经济"

无人便利店、无人书店、无人游戏厅、无人洗车机、无人酒店、无人驾驶……在生活中,身边随处都可以看到"无人经济"模式下的商业运作。尤其是在大数据、人工智能等技术手段不断升级的背景下,"无人经济"模式未来将会不断深入人们的娱乐、生活等日常消费场景中,同时传统经济模式下的各种服务员、导购员和收银员等工种,也将逐渐被各种机器人或智能设备所代替,"无人经济"模式势不可当。

例如,在抖音上有个非常火爆的话题,那就是某个博物馆中两个机器人在吵架,最后求和的机器人反而生气了,这个片段惹得众人忍俊不禁,如图 2-1 所示。

图 2-1 两个机器人吵架的视频片段

其实,这两个机器人担任的就是该博物馆的讲解员工作,它们多才又幽默的讲解方式吸引了很多游客。通过这种无人化的讲解模式,不仅能够节省大量的人力成本,还能够提升办事效率和服务质量。

如今,"无人经济"的技术和消费方式还处在不断升级的过程中,同时还能够很好地融入各种传统经济模式中，两者通过优势互补来更好地为用户服务。

"无人经济"秉承了商业社会的发展规律，从最古老的原始交易到货币经济，再到后来的商品经济、产品经济，如今发展成为"无人经济"，都以提升效率、服务用户为根本。在"无人经济"模式中，底层最脏、最累的工作交给机器人完成，在各种消费场景下逐步实现了无人服务。尤其是在劳动力比较密集的服务行业，由于传统商业模式中不断增长的人工、房租成本问题的日益严峻，"无人经济"模式应运而生。"无人经济"是科技进步的一种体现，将从无到有，再到无限可能。

2.1.1 "无人经济"快速发展的主要原因

从商业模式的演化过程来分析，"无人经济"是一种值得肯定的商业模式，下面对其快速发展的主要原因进行分析。

1．智能技术的升级

"无人经济"模式离不开各种智能技术的支撑，当然这些智能技术还处在不断升级之中，仍然需要市场的催化和资本的支持。

例如，由新华联集团投资100亿元打造的铜官窑古镇机器人博物馆引进了很多融入前沿科技的机器人。这个机器人博物馆通过结合各种高科技与艺术形式，打造出了一个高水准的互动体验式场馆，如图2-2所示。

随着互联网技术的发展，我国的网络普及率也越来越高。中国互联网络信息中心（China Internet Network Information Center，CNNIC）发布的相关数据显示，截至2020年年底，我国网民规模已经达到了9.89亿，互联网普及率也达到了70.4%，如图2-3所示。

图 2-2　铜官窑古镇机器人博物馆中各种形式的机器人表演

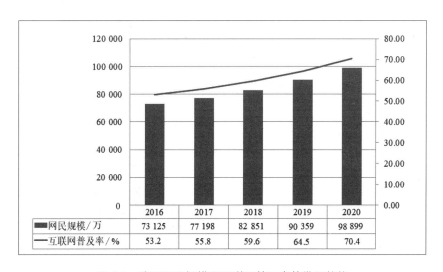

图 2-3　我国网民规模和互联网普及率的发展趋势

另外，随着物联网技术的发展，我国已经逐步形成了物联网产业链和产业体系。赛迪顾问发布的相关数据显示，预计2021年我国的物联网市场规模将达到26 251.3亿元，如图2-4所示。

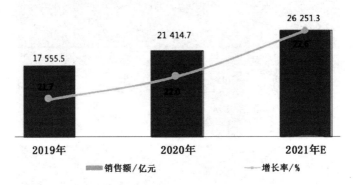

图2-4 我国物联网市场规模的发展趋势

人工智能技术的发展为"无人经济"模式的创新打下了基础。根据微软、安永、清科等发布的相关数据预测，2022年我国人工智能市场规模将超过千亿元，如图2-5所示。

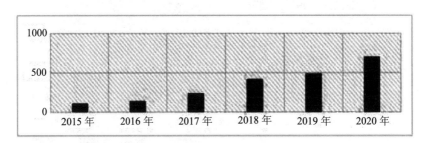

（a）2015—2020年中国人工智能市场规模（单位：亿元）

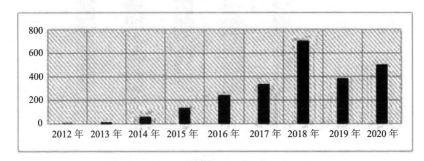

（b）2012—2020年中国人工智能投融资数额（单位：亿元）

图2-5 我国人工智能市场规模的发展趋势

2．人工成本的上涨

现如今，人工成本可以说是企业经营成本中的一个大头，不仅劳动力成本在不断上涨，而且很多行业的人力资源还出现了短缺的现象。"无人经济"模式的出现可以帮助企业降低成本和提高效率，对于零售行业和标准化的服务行业的改善效果尤为显著。

例如，专业的商业无人咖啡机不但有出色的人机交互界面，而且运营效率高，有卫生、安全的出饮系统，吸引了很多爱喝咖啡的用户，如图2-6所示。

图2-6　商业无人咖啡机

与传统的咖啡店相比，无人咖啡机可以实现7×24小时无人值守服务，不需要服务员和咖啡师，即可做出现磨咖啡，而且能实现个性定制的拉花风格。另外，无人咖啡机占地面积非常小，适用于便利店、商场、超市、公司水吧、餐厅以及食堂等场所，租金和装修要求也远远低于传统的咖啡店。

3．资本巨头的助推

对于一种新型的商业模式来说，资本是其快速兴起的重要原因，而

"无人经济"模式也是在各大资本巨头的强力推动下发展起来的。资本的支持是科技创新的重要动力,更推动了"无人经济"模式的更新迭代。

- 以无人驾驶行业为例,IT桔子和中商产业研究院整理的数据显示,2020年中国无人驾驶投融资事件达到75起,投融资金额高达450亿元。
- 以无人零售行业为例,业界统计的相关数据显示,国内的无人零售相关企业已经达到130多家,其中近一半的企业获得了风险投资,总的融资额也已将近50亿元。

2.1.2 "无人经济"整体市场的增势迅猛

如今,工业机器人、无人机、无人零售以及无人驾驶(自动驾驶)等都已经出现在我们的生活中,"无人经济"模式相关的企业数量也越来越多,相关数据如图2-7所示。

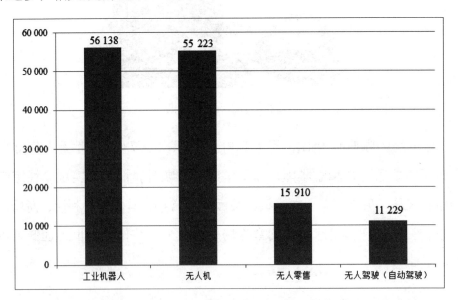

图2-7 "无人经济"模式相关企业数量(单位:家)

(数据来源:企查查,2020年5月)

尤其是在无人工厂、无人零售、无人机以及无人运输等行业，"无人经济"模式的市场增势非常明显，具体如图2-8所示。

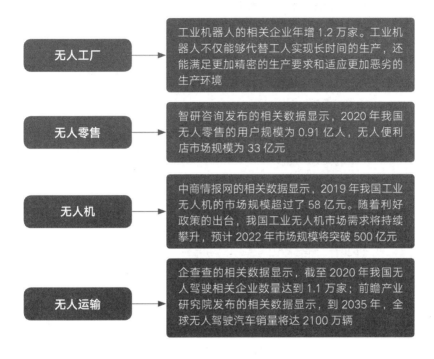

图2-8 "无人经济"模式相关行业的发展情况

从长远来看，"无人经济"模式的发展前景一片大好，而且整体的市场规模也会越来越大，各种"无人化"的商业模式将会充分融入我们的生活。目前，"无人经济"模式尚处在开始阶段，未来将会迎来巨大变革。

2.1.3 消费升级与政策推动促进发展

从20世纪80年代开始，我国消费市场的供求关系发生了天翻地覆的变化。其中，教育、住房、文化、娱乐等在居民消费结构中的占比越来越高，而食品和烟酒的消费占比则正在逐年减少。图2-9所示为2020年上半年中国居民的人均消费支出比例结构图。

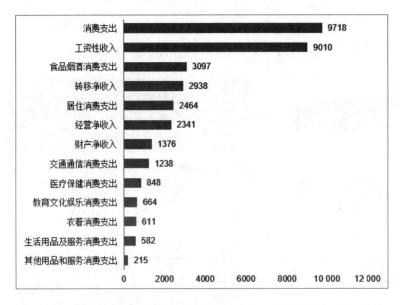

图2-9　2020年上半年中国居民的人均消费支出比例结构图（单位：元）

（数据来源：国家统计局）

如今，我国消费市场的主力军已经变得越来越年轻化，"80后"和"90后"这些人群的消费能力越来越高，他们更喜欢时尚、个性、便捷的消费体验，这也是促进"无人经济"模式发展的重要原因。

同时，国家非常爱好正处于红利期且市场比较活跃的"无人经济"模式并出台了很多相关政策来推动这种新经济模式的健康发展。这将"无人经济"推向了更大级别的"风口"。

早在2017年6月，商务部就发布了《中国便利店景气指数报告》，其中就提出了无人便利店将成为新的市场"风口"，同时强调其发展将会对行业起到积极推动作用，如图2-10所示。

2017年11月2日，中国百货商业协会发布了《中国无人店业务经营指导规范》，这是第一个关于无人店的市场管理规范，其中对于无人店的定义、经营企业、经营业务、商品范围（种类）、企业标准、管理模式、经营商准入资格、店铺设置要求以及商品管理等都做出了明确规定，有助于规范无人值守领域相关企业的运营，如图 2-11 所示。

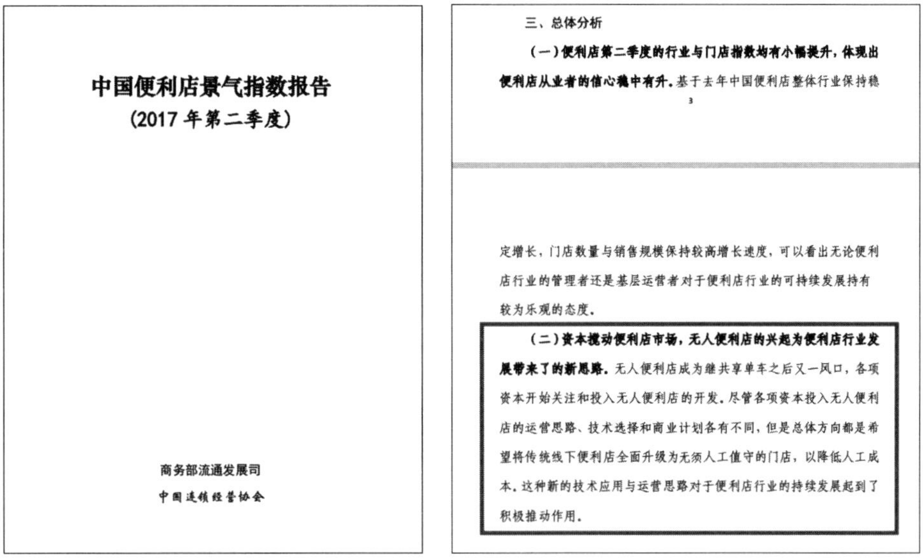

中国便利店景气指数报告
（2017 年第二季度）

商务部流通发展司
中国连锁经营协会

三、总体分析

（一）便利店第二季度的行业与门店指数均有小幅提升，体现出便利店从业者的信心稳中有升。基于去年中国便利店整体行业保持稳

3

定增长，门店数量与销售规模保持较高增长速度，可以看出无论便利店行业的管理者还是基层运营者对于便利店行业的可持续发展持有较为乐观的态度。

（二）资本搅动便利店市场，无人便利店的兴起为便利店行业发展带来了的新思路。无人便利店成为继共享单车之后又一风口，各项资本开始关注和投入无人便利店的开发。尽管各项资本投入无人便利店的运营思路、技术选择和商业计划各有不同，但是总体方向都是希望将传统线下便利店全面升级为无须人工值守的门店，以降低人工成本。这种新的技术应用与运营思路对于便利店行业的持续发展起到了积极推动作用。

图 2-10　《中国便利店景气指数报告》中对无人便利店的部分说明内容

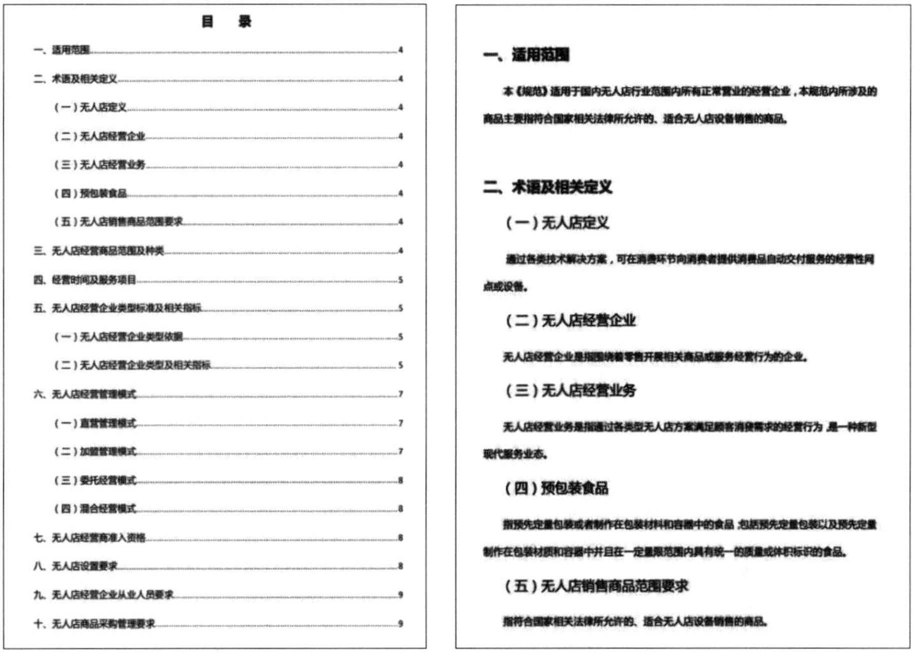

目　录

一、适用范围

本《规范》适用于国内无人店行业范围内所有正常营业的经营企业，本规范内所涉及的商品主要指符合国家相关法律所允许的、适合无人店设备销售的商品。

二、术语及相关定义

（一）无人店定义

通过各类技术解决方案，可在消费环节向消费者提供消费品自动交付服务的经营性网点或设备。

（二）无人店经营企业

无人店经营企业是指围绕前售零售开展相关商品或服务经营行为的企业。

（三）无人店经营业务

无人店经营业务是指通过各类型无人店方案满足顾客消费需求的经营行为，是一种新型现代服务业态。

（四）预包装食品

指预先定量包装或者制作在包装材料和容器中的食品，包括预先定量包装以及预先定量制作在包装材质和容器中并且在一定量限范围内具有统一的质量或体积标识的食品。

（五）无人店销售商品范围要求

指符合国家相关法律所允许的、适合无人店设备销售的商品。

图 2-11　《中国无人店业务经营指导规范》的部分内容

2019年10月，中国民用航空局首次向相关企业颁发了《特定类无人机试运行批准函》和《无人机物流配送经营许可》，这也是首个针对城市人口密集区的官方运营许可。

2020年2月，商务部召开"稳外贸稳外资促消费网上政策吹风会"，会议中对于无人零售等新模式提出了鼓励，相关谈话内容如图2-12所示。

> 消费方面，不仅现有的网络购物等不断壮大，在5G、人工智能、大数据、区块链等新技术推动下，在线教育、在线医疗、在线办公等新业态快速发展，无人零售、无接触配送、标准化生鲜套餐等新模式层出不穷。一些企业还通过共享员工等方式，缓解用工困难，满足消费者需求。
>
> 在刚刚印发的通知中，针对新业态新模式提出了一些支持措施。主要是为了释放中国超大规模市场潜力，培育发展新动能。我们将持续密切关注新业态新模式发展，不断完善政策措施，更好地服务稳外贸稳外资促消费。

图2-12 "稳外贸稳外资促消费网上政策吹风会"的相关谈话内容

2020年4月26日，交通运输部发布了《公路工程适应自动驾驶附属设施总体技术规范（征求意见稿）》，这是从国家层面首次出台的关于自动驾驶公路技术的规范，有助于相关企业加速迈入产业化，如图2-13所示。

> **前言**
>
> 根据交通运输部交公路函〔2019〕427号文《交通运输部关于下达2019年度公路工程行业标准制订项目计划的通知》的要求，交通运输部公路科学研究院主持《公路工程适应自动驾驶附属设施总体技术规范》的制订工作。
>
> 本规范的编制过程中，编写组对我国已建和在建的公路工程附属设施进行了广泛深入的技术调研，分析了国内外自动驾驶技术相关资料，总结了国内自动驾驶测试路与示范路中公路工程附属设施建设、运营管理的经验与教训，参考借鉴了国外发达国家的相关标准和先进技术，为了更好地支撑车辆在公路上进行部分或完全自动化驾驶，指导公路附属设施的规划与建设，完成了本规范的编制。

图2-13 《公路工程适应自动驾驶附属设施总体技术规范（征求意见稿）》的相关内容

2020 年 4 月，国家邮政局、工业和信息化部印发了《关于促进快递业与制造业深度融合发展的意见》（国邮发〔2020〕14 号），其中在工作机制、政策支持、示范推广、交流对接、标准体系和人才培养等方面，对于快递业与制造业的深度融合提出了相关保障措施，有助于打造智慧物流体系，以及促进“无人经济”模式相关技术的创新升级，如图 2-14 所示。

三、关于《意见》提出的重点任务

《意见》在深入调研基础上，坚持问题导向，按照互利共赢、相融相长、耦合共生的思路，从方式、布局、能力、科技、绿色、协同和突破口等方面，提出了8项主要任务：

（一）深化产业合作。鼓励制造企业专注于设计、研发和生产等核心环节，整合外包采购、生产、销售和售后等环节的快递物流需求，引导有实力的快递企业有效承接。支持制造企业与快递企业加强资源共享，盘活闲置的土地厂房、仓储物流设施和运输能力。

（二）协同产业布局。支持各地结合实际做好快递业与制造业规划布局衔接，重点在京津冀、长三角、珠三角等区域推进快递业与制造业深度融合发展。支持快递企业建设辐射国内外的航空快递货运枢纽，吸引新一代信息技术、生物医药等高端制造业集聚发展，打造临空经济区。

（三）提升服务能力。鼓励快递企业与制造企业开展合作，培育一体化供应链服务能力，加快向综合快递物流运营商转型。支持快递企业利用大数据、物联网等现代信息技术，优化供应链物流路径，为制造企业提供客户画像和大数据分析等服务。

（四）丰富服务产品。支持快递企业适应制造企业需求，提供入厂物流、线边物流、逆向物流和仓配一体化、订单配送等快递物流服务，发展供应链金融和供应链管理咨询服务。引导快递企业参与制造企业供应链协同平台建设，加快实现需求、库存和物流信息的实时共享，提供供应链服务产品。

（五）打造智慧物流。加快推动5G、大数据、云计算、人工智能、区块链和物联网与制造业供应链的深度融合，提升基础设施、装备和作业系统的信息化、自动化和智能化水平。支持制造企业联合快递企业研发智能立体仓库、智能物流机器人、自动化包装设备和冷链快递等技术装备。

（六）发展绿色物流。支持制造企业、快递企业生产、使用经绿色认证的邮件快件包装产品。鼓励制造企业加强低成本、无污染、可降解、可循环利用的环保包装材料研发，培育形成一批绿色包装材料产业园。鼓励快递企业加快推广甩挂运输和多式联运等先进运输组织模式，提高新能源车辆使用比例。

（七）实施海外协同。支持快递企业与制造企业加强国际发展战略对接，强化境外资源共享，伴随出海、协同发展。引导快递企业按照制造业国际发展需求，完善国际快递航空运输网络，强化国际寄递物流保障，支持制造业国际化生产、销售和服务。

（八）推动重点突破。在医药行业，鼓励快递企业加速构建覆盖全国的全流程、可追溯、高时效的冷链医药物流网络。在汽车行业，支持快递企业增强专业入厂物流全环节服务能力。在消费品行业，鼓励快递企业提供高效的仓配一体化服务，通过消费数据为制造企业产品设计和销售提供支撑。

图 2-14　《关于促进快递业与制造业深度融合发展的意见》的相关内容

2020 年 7 月 14 日，国家发展和改革委员会、中共中央网络安全和信息化委员会办公室、工业和信息化部、教育部、人力资源社会保障部、交通运输部、农业农村部、商务部、文化和旅游部、国家卫生健康委员会、国务院国有资产监督管理委员会、国家市场监督管理总局以及国家医疗保障局等部门联合发布了《关于支持新业态新模式健康发展 激活消费市场带动扩大就业的意见》（发改高技〔2020〕1157号）文件，其中对于"无人经济"模式就提出了支持建议，如图2-15所示。

> （七）打造跨越物理边界的"虚拟"产业园和产业集群。实现产业供需调配和精准对接，推进产业基础高级化和产业链现代化。实施数字经济新业态培育行动，支持建设数字供应链，推动订单、产能、渠道等信息共享。支持具有产业链、供应链带动能力的核心企业打造产业"数据中台"，以信息流促进上下游、产供销协同联动，保产业链供应链稳定，发展产业服务化新生态。支持出口园区和基地创新数字服务出口新业态新模式，大力发展数字贸易。（国家发展改革委、中央网信办、工业和信息化部、农业农村部、商务部、交通运输部按职责分工负责）
>
> （八）发展基于新技术的"无人经济"。充分发挥智能应用的作用，促进生产、流通、服务降本增效。支持建设智能工厂，实现生产过程透明化、生产现场智能化、工厂运营管理现代化。发展智慧农业，支持适应不同作物和环境的智能农机研发应用。支持建设自动驾驶、自动装卸堆存、无人配送等技术应用基础设施。发展危险作业机器人，满足恶劣条件应用需求。试点探索完善智能公共服务新业态涉及的交通、食品等领域安全发展政策标准。（国家发展改革委、中央网信办、工业和信息化部、农业农村部、商务部、交通运输部按职责分工负责）

图2-15 《关于支持新业态新模式健康发展 激活消费市场带动扩大就业的意见》的相关内容

2.1.4 资本由疯狂涌入到趋向冷静

从上面政策的推出日期可以看出，2017年是无人零售的"风口"期，大量资本涌入其中。这一年无人零售的行业融资总额超过40亿元。例如，小e微店在全国各地布局的网点多达1500多个。小e微店是一个借助移动互联网、大数据、移动支付和智能硬件技术进行运营的多场景、零距离的自助购物智能柜，其设备多部署在写字楼、学校、工厂、酒店、医院、交通枢纽等地，如图2-16所示。

2016年8月，小e微店就获得了由兴业投资和绿洲资本提供的数千万元的A轮融资。2017年10月，小e微店获得了由自觉资本和海控资本提供的2亿元B轮融资。小e微店其实就是一种无人货架，其采用动态识别、运行监控、刷脸支付、行为辨识、智能扣费以及智能补货等技术手段，给用户带来无人值守、自助购物的消费体验，如图2-17所示。

写字楼
品类：水果/酸奶
面包/饮料/休食
方便食品/生活用品

机场
品类：饮料/休食
方便食品/生活用品

火车站
品类：饮料/休食
方便食品/生活用品

地铁
品类：饮料/休食
方便食品/生活用品

工厂、学校
品类：水果/酸奶
面包/饮料/休食
方便食品/数码周边

医院
品类：酸奶/饮料/休食
方便食品/生活用品

图 2-16　小 e 微店的应用场景

图 2-17　小 e 微店的主要技术

除了科学研究和技术服务业外，批发和零售业应用"无人经济"模式的相关企业也比较多，因此无人零售可以看作"无人经济"模式的一个雏形，也是行业的整体代表。据悉，2017 年像小 e 微店这样的无人零售货架在全国累计达 2.5 万个，同时还有 200 多家无人超市在全国各地开设。可以说，2017 年是无人零售的融资高峰期。随着市场的快速发展，行业逐渐进入"洗牌期"，资本也逐渐趋于冷静。

2.1.5 无现金支付交易规模增长迅速

支付方式已经从过去的现金支付变成了如今的刷脸支付，变得越来越智能化，如图2-18所示。在"无人经济"模式的发展过程中，移动支付、微支付、NFC（near field communication，近场通信）终端、数字货币等无现金支付技术起到了非常重要的助推作用。

图2-18 支付方式的演变

无现金支付技术的主要优势如下。

- 可随时随地使用，时空限制非常小。
- 对于个人账号的管理非常方便。
- 为用户提供多种不同类型的服务，隐私度较高。
- 支付时需要输入密码，或者使用刷脸支付、指纹支付、无感支付、移动聚合支付等方式进行验证，安全性较高。

例如，刷脸支付主要通过机器视觉、AI（artificial intelligence，人工智能）、3D（3-dimension，三维技术）传感、大数据等技术实现，不仅安全便捷，而且支付体验也非常好，如图2-19所示。

再如，移动聚合支付不同于传统的现金、支票或银行卡支付，其使用连网的手机在不同场景中完成支付，通过指令实现货币支付与资金转移,完成相关的服务或产品的购买。

图 2-19　支付宝和微信的刷脸支付技术

专家提醒

移动聚合支付能够同时支持"微信 + 支付宝"等多种支付渠道,具有强大的社交金融属性。图 2-20 所示为杭州快速推出的移动聚合支付产品的相关优势。

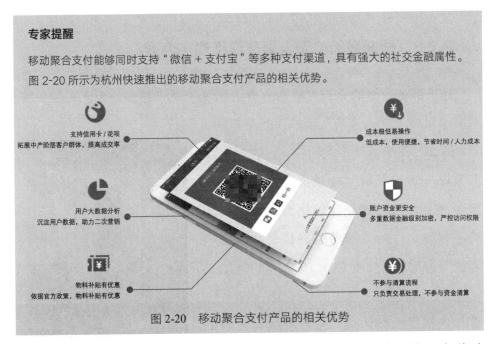

图 2-20　移动聚合支付产品的相关优势

艾瑞咨询发布的相关数据显示,截至 2020 年年底,我国第三方移动支付交易规模为 71.2 万亿元,同比增长 19.2%,且未来市场仍有较大的发展空间,如图 2-21 所示。无现金支付技术打通了"无人经济"模式中的"人—货—场"全链条数字化路径,可以对所有用户的消费行为进行深入分析,同时能够嫁接更多商品和服务。

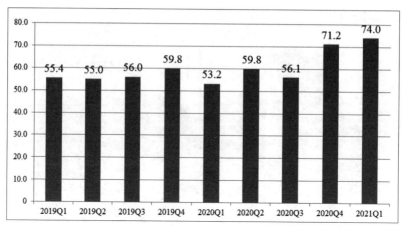

图 2-21　2019—2021 年中国第三方移动支付交易规模（单位：万亿元）

2.1.6　逐渐兴起的无人服务设施遍布商圈

处于都市商圈的人一定能看到身边出现了越来越多的无人服务设施，其实这就是"无人经济"模式逐渐兴起的表现。

例如，在很多超市大门口，过去商家会非常贴心地给等待购物或消费的顾客提供很多休息座位，如今已经逐渐被无人按摩椅、娃娃机等无人服务设施代替，以使顾客的等待时间更加有趣，如图 2-22 所示。

对于大部分人来说，逛商场很容易疲劳，这些娱乐和休息设施能够缓解他们的疲劳，而且还能够让一家人玩得更加开心，享受更美好的等待时光。例如，在某些大

图 2-22　商圈中的娃娃机

型电影院的售票大厅中，可以看到各种娃娃机、无人按摩椅、游吧、迷你 KTV 以及自助取票机等无人服务设施。这些无人服务设施能够为商家、顾客和地产商三方都带来好处，如图 2-23 所示。

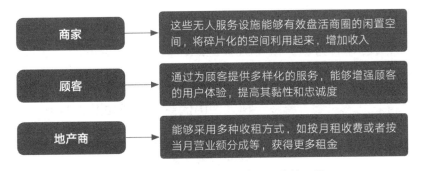

图 2-23　无人服务设施能够实现三赢的局面

如今，用户的时间越来越碎片化，而"无人经济"模式则稳稳抓住了其中的商机，它重构的是人与商品/服务的连接场景，成为一种新兴消费模式。未来，将会有更多"无人经济"范畴的服务项目融入人们的生活。

2.2 "无人经济"的发展趋势分析

更多新的生活和生产方式随着"无人经济"模式的兴起而产生，这同时也是科技获得良性发展的一种体现。"无人经济"在当下已经成为一个非常火热的话题，其实它与之前的O2O（online to offline，在线到离线/线上到线下）模式、共享经济、社群经济等都属于同一个范畴。

因此，不管是"无人经济"模式的参与者，还是旁观者，我们都需要保持一种理智的心态，在看到"无人经济"优势的同时，也不能忽视其中的一些问题。总之，只有不断地升级技术和完善服务，提升用户的消费体验，"无人经济"模式的未来发展才会越来越好。

2.2.1 "无人经济"是大趋势还是昙花一现

很多人对于"无人经济"模式还存在一些疑问：这种模式能否真正

降低成本，有效提升用户的消费体验？"无人经济"能否长久坚持下去？

以无人便利店为例。很多人算过账，认为其开店成本其实并不比传统便利店低。开店成本主要集中于开店前期高昂的加盟费和设备运营费。总的来说，"无人经济"模式面临的主要问题如图2-24所示。

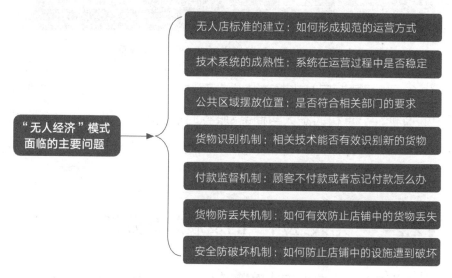

图2-24 "无人经济"模式面临的主要问题

目前，"无人经济"模式要完全做到"便利与性价比兼得"，还有很长的道路要走。相关企业需要不断完善核心技术和服务，真正帮助商家降低经营成本，同时给用户带来实惠，这样"无人经济"才能成为真正的趋势。

2.2.2 看上去很美，"无人经济"能走多远

"无人经济"的出现，为人们带来了更加智能化的消费体验。那么，"无人经济"模式与传统经济模式相比，它究竟有什么核心优势？是否会完全取代传统经济？未来究竟能走多远？

例如自动洗车房，用户只需用手机扫码，几分钟即可洗完一台车，

而且其干净程度并不亚于街边的洗车店，同时也不耽误时间，如图 2-25 所示。当然，与传统的洗车店相比，无人值守的自动洗车房也存在一些不足，如只能洗车辆的外部，车内无法清洗，而且外部的细节清洗也不如人工，但胜在方便、快捷。

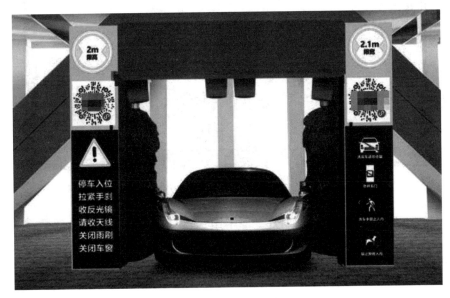

图 2-25　自动洗车房

再看看无人超市和传统超市的区别。无人超市对于货品有一定的要求：大部分都是食品、饮料和书籍等类型的商品，而传统超市的货品则更加丰富，各种常见的生活用品和食品等应有尽有。

不过，无人超市的商品不仅可以根据季节进行调整，还可以根据后台数据进行更新，而且全天 24 小时不间断营业，这些都是传统超市很难做到的。

再如，各大银行曾大力推广的高速 ETC 也可以看作一种取代人工收费的"无人经济"模式。ETC 的全称为 electronic toll collection，即电子不停车收费系统，主要用到车辆自动识别和无线数据通信等技术，能够实现高速公路或桥梁的"无人化"自动收费，如图 2-26 所示。

图 2-26　ETC"无人化"自动收费

从 2020 年 1 月 1 日零时起,国内的大部分省界收费站全部取消,同时 ETC 用户数明显增长,全国 ETC 用户数量突破 1.8 亿。

那么,已经在多个领域开花结果的"无人经济"模式,未来是否能够大展宏图呢?传统经济模式又该如何应对呢?下面针对这些问题进行分析,如图 2-27 所示。

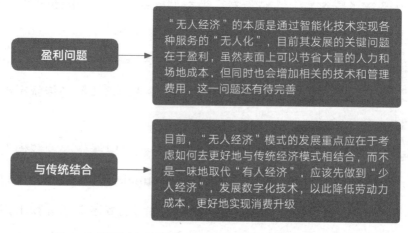

盈利问题 → "无人经济"的本质是通过智能化技术实现各种服务的"无人化",目前其发展的关键问题在于盈利,虽然表面上可以节省大量的人力和场地成本,但同时也会增加相关的技术和管理费用,这一问题还有待完善

与传统结合 → 目前,"无人经济"模式的发展重点应在于考虑如何去更好地与传统经济模式相结合,而不是一味地取代"有人经济",应该先做到"少人经济",发展数字化技术,以此降低劳动力成本,更好地实现消费升级

图 2-27　"无人经济"模式未来发展道路上需要解决的问题

无可非议,"无人经济"模式已经对人们的生活和生产方式产生了极大的影响,甚至已经代替了很多传统经济模式,并创造出很多新工种。"无人经济"模式可以取代一些单调无味的职业,而产生更多能给人们带来成就感的职业,因此未来必然会有更好的发展前景。

2.2.3 "无人经济"的发展瓶颈

在"无人经济"模式发展形势大好的当下,仍然有一些发展瓶颈急需解决,包括监管机制、技术更新、就业冲突、个人诚信以及城市化水平等问题,具体如图 2-28 所示。

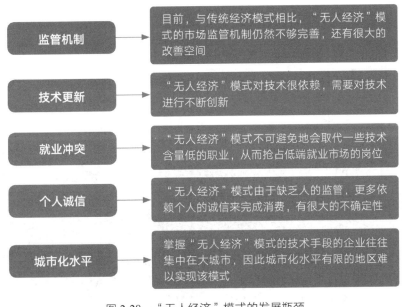

图 2-28 "无人经济"模式的发展瓶颈

2.2.4 "无人经济"的盈利水平

前面多次提到了"无人经济"模式的盈利问题,其实任何商业模式的目的都是一样的,那就是盈利,这是促进商业社会发展的关键因素。

下面来讲"无人经济"模式的成本和盈利。

1."无人经济"模式的成本

"无人经济"模式的成本主要包括以下几个部分,如图2-29所示。

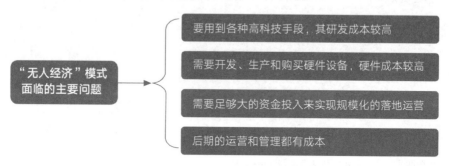

图2-29 "无人经济"模式的成本

例如无人KTV行业,单台设备的价格包括物流投放成本在内,稍微便宜点儿的也需要上万元,好点儿的更是达到了两三万元。再如,觅跑迷你健身仓设备成本1~1.5万元,大概要半年时间才能回本,如图2-30所示。

图2-30 觅跑迷你健身仓设备

也就是说,大部分"无人经济"模式相关的企业都将设备成本回收的时间定为半年左右。

2."无人经济"模式的盈利

如今,很多创业公司已经将盈利摆在了首位,想办法提高自身的"造血"能力,以获得资本的青睐。

例如,街电共享充电宝推出的合伙人招募计划获得了3亿多注册用户,日均订单量达到了200万个,线下入驻商户也超过了60万家,在很多城市已经实现了盈利,如图2-31所示。

图2-31 街电共享充电宝的合伙人招募计划

对于"无人经济"这种新型商业模式来说,用户是需要时间去接纳的。因此,相关企业也需要投入更多的时间,同时覆盖更多的点位,当用户可以随时随地享受企业提供的无人值守服务时,就更容易盈利。

例如,2020年我国的共享电单车市场突破了73亿元,其中青桔单车、哈啰出行和美团单车的活跃用户占据前三强,分别达到了3491.6万、3153.2万、2262.4万。在如此强大的用户规模下,盈利自然是水到渠成了。图2-32所示为美团单车的使用方法。

对于共享充电宝和共享电单车来说,这些设备确实达到了一定的市场规模和用户规模,因此实现盈利是顺其自然的事情。当然,盈利只是企业的初步目标,其进一步的目标就是追求收益的最大化。

例如,星糖miniKTV采用的是浮动定价,会根据设备附近的人流和消费能力来调整价格,从而实现整体收益的最大化,如图2-33所示。

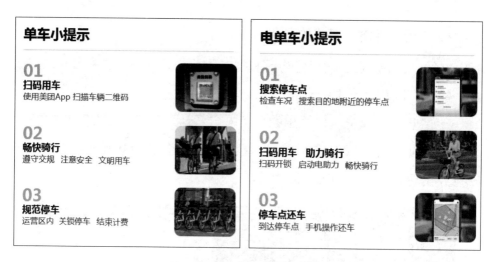

图 2-32　美团单车的使用方法

图 2-33　星糖 miniKTV

再如，缤果盒子便利店最初的营利模式与传统便利店的营利模式一致，都是通过赚取商品差价来实现盈利，但达到一定的设备投放规模后，不仅能够提升盈利效率，还能够降低毛利，基于消费者的行为数据打通全交易闭环。

从商家角度来看，"无人经济"模式的主要优势在于降低了人工成本，从而间接地增加了收益。当然,"无人经济"模式目前还处在初级阶段,相关企业还需要不断探索,进一步拓展利润空间,只有这样才能让自己立于不败之地。

2.2.5 开启加速模式,经营业态将更加多元化

"无人经济"模式的快速发展吸引了越来越多的企业、创业者和投资者进入该领域,同时增加了新的工种和职业,培养了大量的高水平技术人才和团队,整个行业都开启了"加速"模式。

另外,随着人们生活水平的提升,消费需求也变得更加多样化。最先出现"无人经济"模式的是零售行业和服务行业,这些行业自身就存在着多元化的消费需求,同时也是对传统经济模式的一种有力补充。

例如,在外卖服务行业,出现了很多"无人厨师"(自动炒菜机),能够帮助商家解决高峰时期因外卖单量大而人手不足的问题,如图 2-34 所示。

图 2-34 自动炒菜机

很多企业如餐馆、博物馆、图书馆、4S店等为了提升顾客的多元化体验，都会采用机器人为顾客服务。

未来，"无人经济"模式仍然任重道远，需要在技术手段、情感体验、降低成本、提升盈利以及规范发展等多方面下功夫，以更好地刺激消费，满足用户多元化的消费需求。同时行业内的参与者和经营业态也将变得更加多元化。

第 3 章

技术革新：科技提升驱动消费升级

科学技术是"无人经济"模式不断前进的动力，其每一次升级都离不开相关核心技术的突破。如人工智能、移动支付、大数据分析、物联网、区块链等集成各种智能化技术的"黑科技"体系，让"无人经济"实现跨越式发展。

3.1 技术持续加持,"无人经济"潜在空间大

"无人经济"是一种去中介化的商业模式,其用来连接用户和产品/服务的纽带就是各种智能化的技术,这些技术能够全方位实现各种"人与人""人与物""物与物"的对接,如图 3-1 所示。

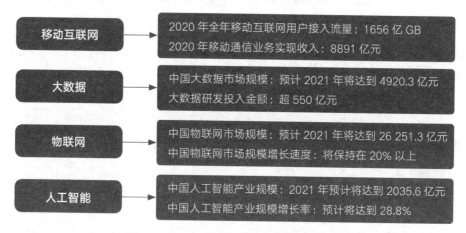

图 3-1 "无人经济"相关技术的发展情况

在各项技术发展一片大好的形势下,"无人经济"模式拥有了更大的潜在发展空间。技术发展也会持续驱动各种产业经济的创新升级。

3.1.1 "无人经济"是科技颠覆,还是故弄玄虚

随着微信、支付宝等移动支付方式的兴起,带现金出门的人已经越来越少了。手机相当于一把"万能钥匙",可以打开家里的大门,启动汽车,开电视和开空调,订餐购物,扫码骑车,甚至可以买菜、乘公交、叫出租车、理财、听音乐、查天气、查日历等。

人们养成了手机支付的习惯后,商业经济领域也就跟着发生了天翻

地覆的变化，如"共享经济"就是在这个基础上诞生的，包括共享单车（电单车）、共享汽车、共享车位、共享充电宝、共享雨伞、共享充电、共享服装、共享住宿、共享厨房等。例如，"小电"是共享充电宝，通过大范围地铺设充电宝，让用户以租代买，解决用户外出时手机电力不足的问题，如图3-2所示。

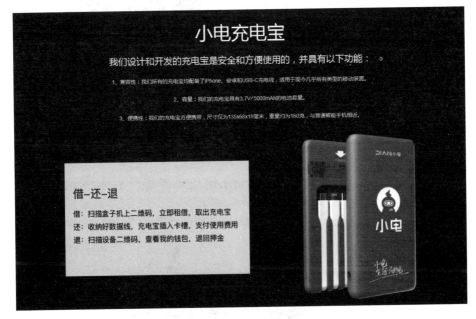

图 3-2 "小电"共享充电宝

如今，"共享经济"经过几轮洗牌，市场已经趋于饱和，创业者也玩不出什么新花样了。互联网企业和创业者都在积极寻找新的突破口。"无人经济"模式就是它们的下一个突破口，且已有相关业务开始运营，如阿里巴巴的无人超市、智能加油站和机器人餐厅，京东的无人机送货以及百度的无人驾驶，等等。

例如，在阿里巴巴的机器人餐厅里，不需要服务员和收银员，顾客也不需要带现金，甚至连手机都不需要使用，直接通过大屏选桌和点餐后，刷脸支付即可开始就餐，如图3-3所示。

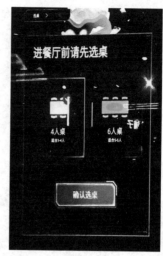

图 3-3　机器人餐厅

再如,在智能加油站里面也没有服务员和收银员,当车辆进入加油站时,从进场加油到支付离场,全部由机器人完成,并通过云加油 App 直接下单付款,整个过程都非常智能化,如图 3-4 所示。

图 3-4　智能加油站

虽然互联网公司别出心裁地推出了很多"无人经济"模式的创新方式,但这些模式的落地和普及还有一定的难度。从目前来看,"无人经济"模式似乎还存在很多难题,但从长远来看,随着技术和社会条件的不断成熟,"无人经济"模式仍然是大势所趋。

3.1.2 以科学技术为动力不断推动产品创新

在科学技术的推动下,"无人经济"模式也实现了很多新的消费升级方式,给用户带来更加快速、便捷和多元化的消费体验。细看"无人经济"模式的本质不难发现,它其实就是通过各种智能设备和技术来取代人工,以科学技术驱动产品和服务的创新。

下面以北京猎户星空科技有限公司推出的系列机器人为例,介绍一些"无人经济"模式的创新消费场景,带领大家更好地认识这种新的商业模式的本质。

1. 智能接待

智能接待服务机器人具有强大的视觉识别和探测能力,可用于迎宾接待、智能咨询、导览讲解以及问路引领等场景,如图 3-5 所示。

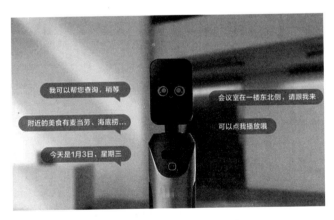

图 3-5 智能接待服务机器人

专家提醒

智能接待服务机器人通常具有周全且专业的服务能力,包括异常报警、数据分析、宣传促销、日常巡逻、会议签到、接待领位、娱乐闲聊、自主充电、人脸识别、导览讲解、导航指路、智能避障、播报演讲、远程监控等。

2．餐厅营销

餐厅营销服务机器人可以实现送餐、跑堂、揽客、语音交互等功能，可用于餐厅、企业、医院、酒店等场景，能够帮助企业或商家降低成本、提升效率、推动智慧化改革，如图3-6所示。

图3-6　餐厅营销服务机器人

> **专家提醒**
>
> 餐厅营销服务机器人通常都具有人脸识别和会员拉新等功能，能够主动向前迎宾，向顾客推荐促销活动和招牌菜，同时还能够将顾客引到相应的餐位。

3．KTV递送服务

KTV递送服务机器人可以承载更重的物体，使用了语音交互、视觉识别、数据分析等技术，能够实现货品递送、精准导航、智能避障、广告宣传、需求定制等功能，可用于娱乐场所、办公楼、医疗机构、餐饮等场景，如图3-7所示。

4．新零售

猎户星空机械臂平台集成了机械臂视觉、运动控制算法，拥有丰富的AI服务功能。例如，豹咖啡（cheetah cafe）借助猎户星空机械臂平台,打造无人值守的咖啡店,顾客只需扫码即可点上一杯香浓的咖啡,如图 3-8 所示。

图 3-7　KTV 递送服务机器人

图 3-8　猎户星空机械臂平台

3.1.3　让生活融入更多智能化消费场景

从"共享经济"到现在的"无人经济",商业形式都离不开"无人"二字。实际上,人们对这些新的商业模式也非常熟悉了,它们之前大多以"自助"的形式存在,而现在拥有了更多科技含量,应用范围也更广阔了。

下面介绍一些生活中常见的"无人经济"模式，看看它们是如何让人们的生活融入更多智能化消费场景的。

1．无人收银机

无人收银机主要采用了大数据、刷脸支付和 AI 等技术，主要用于超市、便利店、母婴店以及药店等场景。其改造了这些传统行业的售卖、营销和服务流程，让顾客能够自主完成购物、支付和打包等流程，大幅提升店铺的营业效率，同时优化用户的服务体验，如图 3-9 所示。

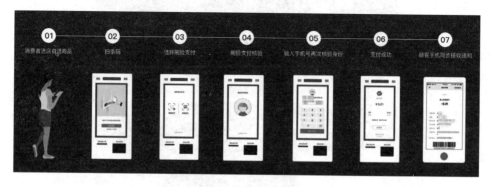

图 3-9　无人收银机的结算流程

无人收银机能够有效增加顾客的消费体验，主要优势如下。

- 将顾客进行有效分流，减少他们的排队等候时间，同时提高购物效率。
- 通过一站式的封装和配适服务，打通店铺的进销存管理系统。
- 在顾客交易过程中投放广告，提升营销活动的触达概率。

2．自助点餐机

自助点餐机可以实现聚合支付、餐补管理、进销存管理、后厨行为监控、就餐客流监测等功能，可以满足顾客多样化的餐饮需求，如图 3-10 所示。

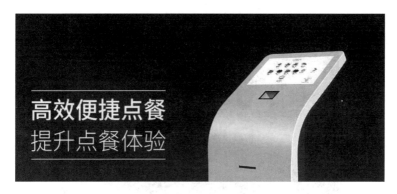

图 3-10　自助点餐机

3．智能取餐柜

智能取餐柜具有前端点餐、后厨接单、后厨放餐、前端取餐等功能，顾客可以通过微信点餐，然后在取餐屏中输入单号或者扫码开门取餐。智能取餐柜有助于降低餐厅的人力成本，提升顾客的点餐体验，如图3-11所示。

图 3-11　智能取餐柜

4．自动洗碗机

自动洗碗机能够实现360度全方位立体洗涤，同时还具有去除细菌、物理消毒等功能，安全可靠，如图3-12所示。

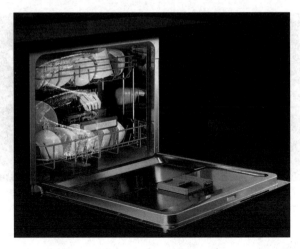

图 3-12　自动洗碗机

5．扫地机器人

扫地机器人也是一种比较常见的"无人化"设备，通常具有精准避障、智能感知、智能空间测算、3D 视觉导航等功能，能够给用户带来全面高效的清洁体验，如图 3-13 所示。

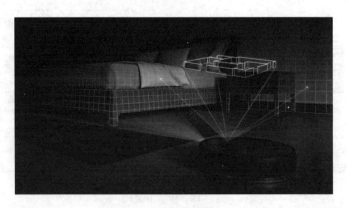

图 3-13　扫地机器人

6．电动牙刷

电动牙刷主要采用电力来取代人的手，通过高频震动磁悬浮马达使用户的牙齿刷得更干净。例如，小米推出的米家声波电动牙刷 T500 还带有专属的 App，可以帮助用户保持口腔卫生，如图 3-14 所示。

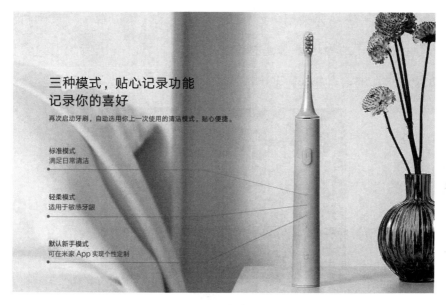

图 3-14　电动牙刷

7．智能台灯

例如，由华为智选平台推出的达伦智能台灯 2 采用"番茄钟工作法"，能够实现智能学习管理，代替人工自动调整光源模式，为用户带来更好的照明体验，如图 3-15 所示。

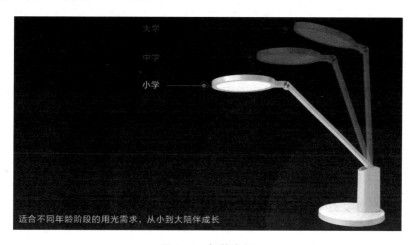

图 3-15　智能台灯

8．门禁管理系统

门禁管理系统主要采用人脸识别和 AI 技术，可以解决门禁闸机、楼宇访客、考勤签到等场景对无感进出的需求，可以解决传统门禁管理中考勤效率低、排长龙刷卡等问题，如图 3-16 所示。

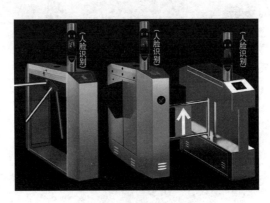

图 3-16　门管理系统

3.2　数字化技术驱动"无人经济"蓬勃发展

天眼查发布的相关数据显示，2020 年上半年，有 1800 多家无人零售相关企业成立，增长率高达 37.27%，同时多个无人科技领域在近两年内都取得了很大进展。"无人经济"相关产业在各个行业迅速推广并大显神通，让人们的生活变得更加方便、快捷。

"无人经济"模式主要用到了自动化、云计算、大数据、物联网、人工智能、移动互联网等多种技术手段，使用这些智能化技术来取代传统人工，成为未来商业的发展趋势。

3.2.1　自动化技术颠覆传统劳动模式

自动化技术可以通过自动设备取代人力行为，将人从繁重的体力劳动中解放出来，主要包括以下三个方面，如图 3-17 所示。

图 3-17　自动化技术可以取代的人力行为

例如，智能窗帘就是一种利用自动化技术开发的产品。其无须手动操作，能够自动开合，可以帮助腿脚不便的老人解决开窗帘的难题，用户外出后窗帘可以自动关闭，如图 3-18 所示。

图 3-18　智能窗帘

自动化技术更常应用在工业生产方面，可以解决劳动力短缺的问题，同时还可以提升生产效率。例如，协作机械臂采用驱动/控制内置方式，可以将其末端工具进行更换，使其成为制造业的好帮手，与人类一起协同工作。协作机械臂运用于 3D 打印机、上下料搬运、锡焊机、激光雕刻机、分拣机器人等场景，使企业提高效率，增加灵活性，如图 3-19 所示。

又如，运动速度出类拔萃的多关节机器人可广泛适用于电子信息、产品包装、食品饮料、机械制造等行业，能够满足苛刻的生产环境，实现小型工件的装配、搬运、螺接、粘接、包装和检测等自动化作业，如图 3-20 所示。

图 3-19　协作机械臂

图 3-20　多关节机器人

再如，融合了红外、超声波等多传感器和算法技术的跟随搬运机器人，具有自动跟随、人机协同、重物重复搬运等功能，客户可以按需搭配，使其适应各种工作场景、任务，如图 3-21 所示。同时，跟随搬运机器人还具有高效率、低成本、零部署等生产优势，广泛适用于仓储物流、工厂产线、工业园区、医院、电力电站以及机关单位等场景。

自动化技术的主要应用方向是工业生产，具体运用方面如图 3-22 所示。随着科技的不断进步，对自动化技术提出了新的要求，其在"无人经济"领域中发挥着越来越大的作用。

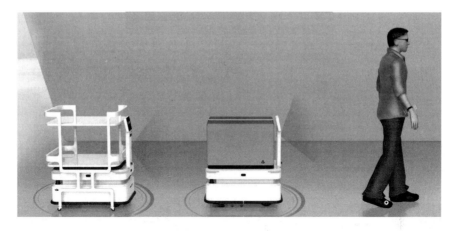

图 3-21 跟随搬运机器人

图 3-22 自动化技术的具体运用方面

> **专家提醒**
>
> CAD 的全称为 computer aided design，主要用到计算机及其图形设备等工具，帮助设计人员更好地完成设计工作。CAM 的全称为 computer aided manufacturing，是指计算机辅助完成产品制造。

3.2.2 云计算技术改变了信息提供的方式

云计算是互联网、虚拟化技术、共享资源等先进系统、技术相结合的产物。

在互联网虚拟架构中，中枢神经系统是核心层面，为互联网运作提供强有力的支持。从这一点看，云计算（cloud computing）系统大致与互联网虚拟架构相同。

　　云计算是由包括分布式计算在内的六大软件系统联合演进而成的产物，如图 3-23 所示。云计算的运作主要通过将计算过程分布到各大计算机上来进行，能够帮助用户按照自身需求访问计算机。

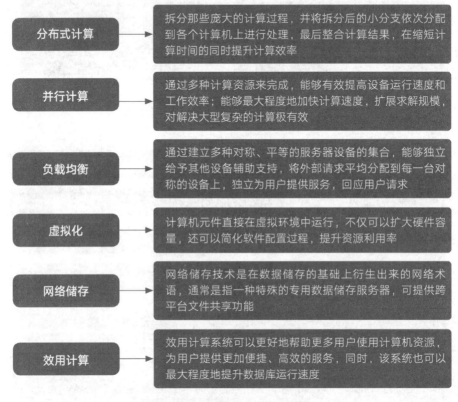

图 3-23　云计算的六大软件系统

　　云计算的这些特殊功能进一步降低了"无人经济"模式运作时的数据成本，还带来了更多智能设计和创新，这些优势同时也为"无人经济"模式带来了更大的想象空间。如今，云计算更像"无人经济"模式的一个必要条件，与大数据一起推动"无人经济"的发展，如图 3-24 所示。

　　随着生活水平的提高，人们的消费需求也发生了很大的变化，人们越来越关注产品的品质和个性化体验。对于传统经济模式来说，这些都是非常严峻的考验。

图 3-24　构建"无人经济"的基础设施

比较显而易见的是,"无人经济"模式再次回归到产品和服务上,也因此产生了各式各样的消费场景,让用户的消费欲望得到满足。在这个过程中,"无人经济"相关企业都在积极探索"云转型",希望利用云计算有效整合资源渠道,并通过这种更加科学的计算方式为用户打造个性化的消费场景。

例如,美团推出了"美团云"公有云平台,为企业提供安全、可靠的云计算产品,如"餐饮云""酒店云""交通云"、O2O 电子商务和智慧教育等行业解决方案,以及"混合云"和网站等通用解决方案,助力企业快速实现"云转型"。

图 3-25 所示为"餐饮云"解决方案技术架构,可以从商家需求和解决方案两个方面进行分析。

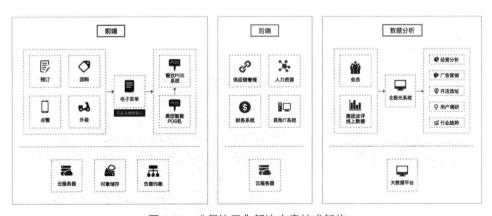

图 3-25　"餐饮云"解决方案技术架构

(1) 商家需求。商家需要将菜品的图文信息进行自动化处理,并形成电子菜单，以适配各类无人终端，让菜品信息更直观地呈现在顾客眼前。

（2）解决方案。"美团云"通过为商家提供对象储存服务，将海量的菜品信息快速发送到用户终端。在此过程中，"美团云"会用到相关的配套工具与服务，帮助商家轻松部署、快速使用，如图 3-26 所示。

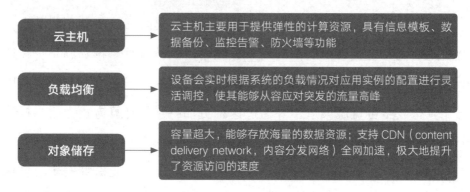

图 3-26　"美团云"的配套工具与服务

"无人经济"模式的主要目的就是帮助用户实现"所想即所得，所得即所爱"的消费愿景。"无人经济"模式的终极进化形态是"云化"，未来消费需求的发展趋势是多元化、个性化和迅速迭代，同时还将通过重构"人—货—场"衍生出更多细分消费场景。但是，"无人经济"模式的本质却不会产生变化，即随时随地为消费者带来超出预期的"内容"，其特点如图 3-27 所示。

图 3-27　"云化"的"无人经济"模式特点

3.2.3 大数据技术具有更强的决策力

关于大数据,维克托·迈尔·舍恩伯格在《大数据时代》一书中做了形象而贴切的说明——"一切皆可数据化"。在笔者看来,这句话点明了两个无可辩驳的事实,即"数据是客观存在的"和"大数据很重要"。

首先,从"数据是客观存在的"这一方面来说,不管人们听或不听、看或不看,数据都在那里,它不会因为人们的主观意愿而消失。数据作为人们过往行为留下的痕迹的累积,以及对未来行为的预测的客观存在,像空气一样弥漫在世界上,成为时代滚滚洪流中的主旋律。

其次,从"大数据的重要性"方面来说,既然"一切皆可数据化",那么在对各种事物进行了数据化和量化的基础上,大数据已经成为能描绘事物并对其进行更深一步了解的必要工具。

大数据分析系统可以帮助商家更好地关注无人门店运营过程中的每一个数据,用数据驱动行业的精准管理,从根本上促进销量、服务、品牌,以及每个细节的增量管理,如图 3-28 所示。

图 3-28 大数据分析系统的主要特点

一般来说,大数据具有 4V 特征,即 volume(体量大)、velocity(实时性)、variety(多样性)和 value(有价值)。一些企业在应用大数据时，往往会固执地坚持这四个特征，不具备这四个特征的数据，完全被抛在大数据范畴之外，不再作为企业智能决策时考虑的因素。

诚然，在应用大数据时考虑其四个特征是正确的，但完全抛开其他因素不做考虑，难免过于片面。大数据的特征决定了其本身的复杂性。人的判断是主观的，在对数据的性质进行界定时难免会产生偏差，从而错过一些原本应该囊括在内的数据。结果就会因数据的"差之毫厘"而让结果"谬以千里"。

可见，在对大数据的理解上，无论是概念上认为的海量的数据，还是应用上的必须符合大数据的四个特征，都是对大数据的片面理解，是容易产生错误和偏差的。因此，人们都应端正态度，认真而深刻地理解大数据，务必做到全面、精准。

例如，无人酒店以大数据等技术为核心，对传统的酒店服务进行创新升级，以满足用户的消费升级需求，帮助人们获得更好的生活方式。用户可以在家通过手机订房和支付，来到酒店后输入密码进门。用户踏入走廊时，智能感应灯光会自动亮起，同时由机器人带路前往客房。接着用户在门禁系统上刷身份证，进行刷脸认证或人脸识别，进入客房。同时，客房内部还有智能感应灯和可自动开启的智能窗帘等设备，为用户带来舒适的入住体验，如图3-29所示。

图3-29　无人酒店

3.2.4 物联网技术让万物皆可连接

物联网（internet of things，IoT）是互联网的一种拓展应用，其通过智能感知技术、通信技术以及识别技术实现物流与网络之间的互联与协调。

在"无人经济"模式的运行过程中，物理上的各种终端设备需要实时互联互通，否则没办法实现以用户体验为中心的应需服务能力。所以，在物理上，首先要解决的就是终端设备间的互联互通，具体的技术体系就是物联网，如图 3-30 所示。

图 3-30　物联网

物联网和互联网有什么区别呢？互联网针对的是信息的沟通，仅限于人与人之间的连接，而物联网则是借助各种传感装置，把真实的物理世界变成虚拟的数字世界，让人与物、物与物之间实现精准的对接。

通过在"无人经济"模式中应用物联网技术，可以使很多消费场景彻底脱离对人的依赖，催生出更多"无人+"的新型经济模式。

例如，东智物联网平台通过数据采集、数据转发、指令控制、告警监控、组态可视化等功能，为工业企业提供一套高效、安全、可靠的工业物联解决方案，以运用于生产设备互联、生产设备状态监控、能耗自动检测、环境数据监测等场景，如图 3-31 所示。

图 3-31 东智物联网平台

再如，涂鸦物联网开发平台为客户提供基于人工智能物联网的 PaaS（platform as a service，平台即服务）级解决方案，能够满足品牌、OEM（original equipment manufacturer，原始设备制造商）厂商、开发者和连锁零售商的智能化连接需求。涂鸦物联网开发平台已经完成了 20 万款智能产品的语音对接，如图 3-32 所示。

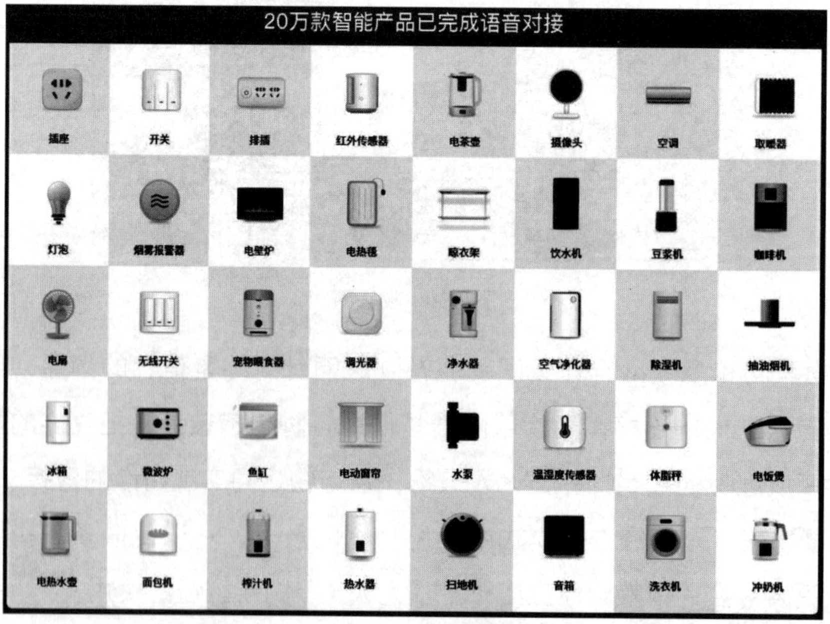

图 3-32 涂鸦物联网开发平台的语音对接服务

随着物联网的发展，日常生产生活中会有更多场景不再依赖于人工，让人们进入真正的"无人经济"时代。

3.2.5 人工智能技术让机器拥有智能

在"无人经济"时代,企业以互联网为基础,以大数据、云计算、人工智能等先进技术为手段,改善产品开发、流通与销售的过程,重塑业态结构与生态圈,从而让行业从传统的价格消费时代转型为新的价值消费时代。

人工智能隶属于计算机学科,主要涉及怎样用人工的方法或者技术让人的智能通过某些自动化机器或者计算机来进行模仿、延伸和扩展,从而使某些机器具备类似于人类的思考能力或达到脑力劳动的自动化。

人工智能的出现不是偶然的,而是人类社会发展到一定程度的科学产物。在古代,人类就已经学会制造和使用工具,并且能够利用这些工具改造自己的生活环境;进入工业时代,机器的出现解放了劳动者的手脚,缓解了人类与劳动对象的矛盾,创造了越来越多的财富。

人工智能技术在"无人经济"领域的应用非常广泛,包括无人商店、智慧供应链、无人仓/无人车以及个性化推荐等,让"无人经济"的发展锦上添花,其作用如图 3-33 所示。

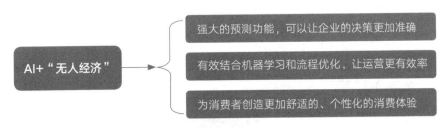

图 3-33　AI 技术在"无人经济"中的作用

专家提醒

在"无人经济"时代,企业可以利用人工智能技术打通线上与线下的消费场景,将"人—货—场"进行数据化处理,做好门店的客流分析、用户画像、精准营销以及用户留存等工作,从而提高品牌的影响力和商品的转化率,实现高效运营。

在"无人经济"行业中,可以引入人脸识别、智能触屏、智能货架、虚拟试衣镜以及电子价签等人工智能技术,增强用户的体验感,提升消费的便捷性。例如,使用人工智能导购与顾客互动,如图 3-34 所示。

图 3-34　人工智能导购

3.2.6　移动互联网技术带来更多服务

移动互联网是指通过深度结合移动通信和互联网,使其成为一个整体,同时具备两者的共同特征的信息连接方式。

- 移动通信的特征:随时、随地、随身。
- 互联网的特征:开放、分享、互动。

移动互联网的相关技术包括终端技术、通信技术以及应用技术三个方面,如图 3-35 所示。

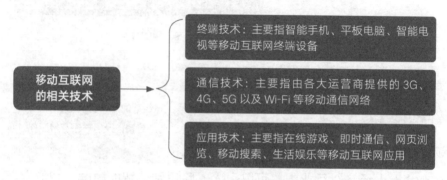

图 3-35　移动互联网的相关技术

在"无人经济"模式下,移动互联网可以和很多传统行业进行融合,如移动互联网+交通、移动互联网+医疗、移动互联网+汽车等。当然,这个融合并不是简单的"一加一等于二",而是使这些传统行业变得更加智能化,解决它们存在的问题,激活行业的发展新动能,实现"一加一大于二"的目标。

例如,干洗是一种典型的服务性行业,传统的干洗业务通常都在线下进行,主要以加盟店为主,对于消费者和商家来说,都存在很多方面的痛点,如图3-36所示。

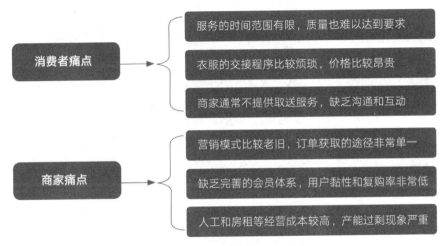

图3-36　干洗行业中消费者和商家普遍存在的痛点

因此,干洗行业可以运用"无人经济"模式整合供应链,基于移动互联网技术来打造全网营销渠道,提高服务质量,提升用户体验。例如,泰笛在上海推出"24h洗护ATM"无人洗衣店,采用"人工智能与移动互联网+生活服务"融合的全新线下实体商业新形态,吸引了众多消费者前往体验,如图3-37所示。

泰笛无人洗衣店的主要特色如图3-38所示。泰笛通过无人洗衣店探索无人商业服务场景,线上线下一体化,可实现消费者、商家、整个实体经济的三赢。

图 3-37 泰笛无人洗衣店

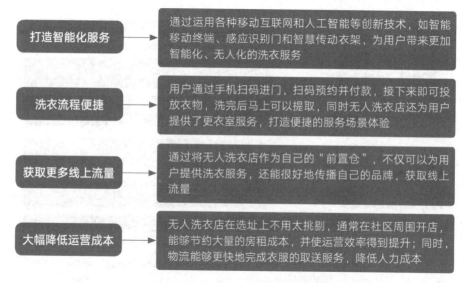

图 3-38 泰笛无人洗衣店的主要特色

随着移动互联网技术的不断推陈出新,新的商业模式也不断涌现,如"移动电子商务""外卖""共享经济""无人经济"等,它们都遵循了"移动互联网+传统行业"的模式。

移动互联网除了 Wi-Fi、5G 等无线网络技术外,还包括 LBS (location based services,基于位置的服务)、传感器等新技术,能够实现"无人经济"模式中的线上线下场景的连接、人工智能中的人机交互等。未来,还会有更多、更新的技术为"无人经济"服务。

第 4 章

争夺用户:"无人经济"抢占流量入口

"顾客就是上帝",这是一句随处可见的口号,"无人经济"模式因用户需求而存在和成长,所以要牢固树立服务用户的价值理念,以用户为本,更好地满足用户需求。简而言之,就是要留下用户,抢占更多的用户时间,吸引用户的注意力。

4.1 "无人经济"如何解决"有人"的矛盾

前面将"无人经济"与传统的"有人经济"进行过深度对比,发现其人工成本和运营成本都有所下降。一时间,阿里巴巴、百度、京东、苏宁易购等互联网巨头纷纷涌入,一度让"无人经济"成了众星捧月的"风口"。

其实,无论是"无人经济"还是"有人经济",都是用户消费升级的产物。因此,谁更能抓住用户的心,谁就能走得更长远。

4.1.1 "无人经济"来了,"有人经济"怎么办

随着各种"无人经济"技术手段的发展,在日常生活、娱乐、消费以及生产等方面,出现了越来越多的应用场景。"无人经济"表面上完全摆脱了人的束缚,实际上却被成本、技术等因素所限,目前还没有真正做到完全的"无人化",因此对"有人经济"并没有产生太大的影响。

例如,需要全天营业的药店需要付出大量的人工成本,而"无人化"则成为24小时营业药店未来的发展趋势。针对这个问题,支付宝与某实体药房共同推出了一个24小时自助售药机,店面虽然很小,但却运用了扫脸支付、信用租赁、身份验证等大量的"无人经济"技术手段,如图4-1所示。

这个24小时自助售药机被称为"支付宝未来药店",用户从买药到支付再到取药,整个过程都实现了"无人化",极大地降低了24小时药店的运营成本。

各行业人力成本不断增加,科学技术不断发展,这些使"无人经济"的发展有了强有力的支撑。甚至有专家预测,未来几年内,人工智能等"无人经济"技术将给实体店、便利店等传统零售行业带来颠覆性的变化。

图 4-1　24 小时自助售药机

服务行业和制作行业由于工资水平相对偏低，而且工作时间长，劳动强度大，招工难度非常大，因此存在很大的人员缺口。也就是说，目前"无人经济"所做的都是"有人经济"难以做到的事情，两者是相互补充的。

另外，"无人经济"模式本身还存在一些亟待解决的问题，因此无法完全代替"有人经济"，如是否真正降低商家的成本、消费者的服务体验是否提高了、如何实现"无人化"的秩序维护和管理、如何构建供应链、消费者的习惯培养等。

4.1.2　前景可期的"无人经济"仍需回归人的本质

在"无人经济"时代，用户产生了一系列新的行为特征。与以往传统的"有人经济"模式相比，"无人经济"模式让人们的信息获取与消费方式也变得更加"碎片化"，注意力更加分散。

同时，"无人经济"让商家更容易获得用户信息，与其花心思在促销活动策划、产品降价优惠上，倒不如把注意力回归到用户本身，挖掘用户关注的是什么，倾听用户对产品和服务的诉求，让用户主动找上你。

例如，像扫马路这种脏活儿、累活儿很多人都不愿意干，在"无人经济"时代也可以用机器来代劳，而且这种无人驾驶的清扫车工作效率非常高，1 h能够扫3000 m^2，同时不受时间限制，如图4-2所示。

图4-2　无人驾驶的清扫车

目前，"无人经济"正处在一个再次改革的节点上，正在进行技术和消费升级。"无人经济"和传统的"有人经济"两者并没有实质性的冲突，它们的宗旨是一致的，那就是"以人为本，服务于人"。

4.1.3　真正的"无人经济"并非"无岗经济"

随着"无人经济"模式的火热发展，以及各种工作岗位被智能化的机器所代替，很多人开始担心自己是否有一天也会被机器所取代。

当然，人们对于"无人经济"模式的这种担忧并不是空穴来风，但也无须产生过多的忧虑。"无人经济"模式减少的只是那些枯燥无味且危险性高的岗位，同时还会增加更多高科技岗位，这样能够促进人才素质的提升。

很多企业将机器人应用到餐厅、展馆、景区、工厂等行业，虽然减少了相关从业人员，但背后也增加了大量的机器人维护和管理人员。在工厂中，机器人能够代替工人进行复杂的高强度劳动，但它们仍需要人在后台进行操控和监督，这其实就是一个人—机交互的过程。图4-3所示为机器人的系统组成。

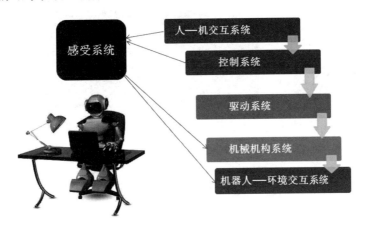

图4-3　机器人的系统组成

在"无人工厂"中，由机器人代替人工操作后，则相关岗位的工作就无须人的参与了，但其中还是有一些操作离不开相关人员，具体如下。

- 自动化生产线的安装和调试。
- 机器人的自动化编程。
- 生产设备的定期维护。

也就是说，"无人工厂"将原本的人工岗位从前端的制造线挪到了后端的管理线，他们的工作任务也变得更加重要，需要在后端确保整个生产任务的正常运行。

从"无人工厂"领域的改变可以看到，真正的"无人经济"并不是完全的"无岗经济"，而是通过对劳动力的改造，将原本的工作效率提高。"无人经济"会产生更多技术岗位，促进企业培养更多的高级技术工人。图4-4所示为"无人经济"对于就业问题的相关分析。

总之，"无人经济"在减少旧的岗位的同时，也创造了大量的新劳动工种，因此可以将其看作一种"就业转化"。至于如何更好地进行"就业转化"，就需要相关企业从经济层面、消费层面和生产层面进行综合考虑了。

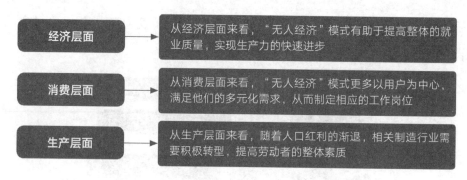

图 4-4 "无人经济"对于就业问题的相关分析

4.1.4 用户才是"无人经济"的真正"风口"

"无人经济"的各种应用场景已经融入人们的生活。例如，各种智能早教机相当于一个"无人幼教"，运用 AI 技术陪伴儿童成长，能够代替爸妈讲故事、代替老师每天定点上课。图 4-5 所示为小度智能早教机。

图 4-5 小度智能早教机

再如，小度语音车载支架能够解放司机的双手，司机在开车时手无须离开方向盘去操作手机；可以通过语音来开启导航、搜索、听音乐、打电话等，让驾驶过程更加安全便捷，如图 4-6 所示。

只有通过充分运用"无人化"的优势解决用户的各种需求痛点，智能设施才能在市场上立足。

图 4-6　小度语音车载支架

在"无人经济"时代,市场的竞争变得更加激烈,不再局限于同行,竞争的对象也更广泛。面对这种广泛的竞争,其制胜关键在于对用户心智的争夺,这对企业洞察用户、挖掘需求的能力提出更高要求。企业要想占领用户的心智,必须为用户带来更好的消费体验。也就是说,用户才是"无人经济"的真正"风口"。

> **专家提醒**
>
> "无人经济"要完全落地,成为市场的"风口",还需抓准用户的需求痛点,提升用户的体验。用户体验就是用户在使用产品过程中出现的主观感受的好坏,其影响着企业在市场的竞争力大小。准确来说,用户的体验过程其实也是企业积累竞争力与影响力的过程。

4.1.5　提升用户体验、抓住用户需求痛点的"无人"才长久

用户体验是用户的主观感受,会受很多外界因素的影响,呈现出一种不稳定的状态。用户体验的主观性与不确定性决定了用户需求的不稳定性。因此,在"无人经济"行业,企业要想了解用户的需求痛点,可

以通过分析用户的消费体验获得,从而打造出满足用户需求的"无人化"产品。

提到用户体验,首先需要了解任何事物都需要注意的亘古不变的两个问题,如图4-7所示。

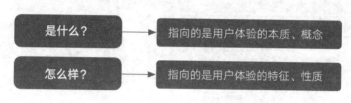

图4-7 用户体验的相关问题

1. "是什么?"的问题

所谓用户体验,实质是用户关于所消费的产品或服务的纯主观感受的总和,也可以理解为,在"无人经济"的相关产品或服务的消费过程中,企业或商家提供给用户的基于服务这一平台的产品创造的认知印象和回应。

用户体验受很多因素的影响,总体上可分为三类。下面以图解的形式介绍用户体验的影响因素分类,如图4-8所示。

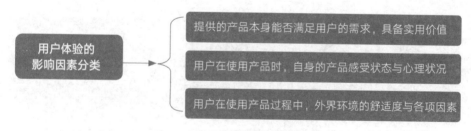

图4-8 用户体验的影响因素分类

"无人经济"模式只有很好地从用户的角度出发,做到以下三点,才能提升用户的体验,才能称之为好的用户体验。

(1)带来超出用户预期的惊喜与感动。在"无人经济"模式相关的企业或商家给用户提供产品或服务时,即使体验效果达到用户预期,也谈不上是真正成功的用户体验。因此,只有那些超出用户预期的产品或服务,才能给用户带来额外的惊喜与感动,也才能更好地提升企业或商家的形象,形成良好口碑。

(2) 带来能为用户所具体感知的价值。"无人经济"的相关产品或服务给用户带来的体验,能够贯穿用户使用产品或享受服务的全过程。如果"无人经济"模式相关的企业或商家在这一过程中能创造被用户具体感知的好的价值和体验,那么他们就有可能获得竞争优势。

(3) 带来贯穿每一个细节的魅力感受。细节,因其重要一直为人们所特别强调;也因其细小而经常被忽略。基于此,注意把握细节的"无人经济"模式往往更容易获得成功。下面以图解的形式介绍重视产品细节的原因,如图4-9所示。

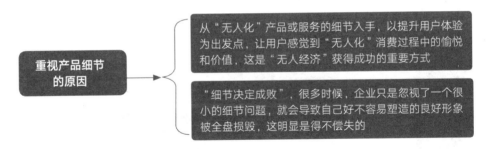

图4-9 重视产品细节的原因

例如,由网易七鱼推出的更懂用户与服务的智能客服机器人产品,在细节上就做得非常到位。智能客服机器人产品能够7×24小时在线接待用户,还可以预测用户的问题,提供有针对性的服务,提升用户满意度,如图4-10所示。

同时,对于商家来说,通过机器人辅助人工客服,可以节省大量的人力成本,让服务变得更高效,如图4-11所示。另外,系统还提供了"AI训练师"解决方案,助力商家搭建个性化的知识库,帮助商家更深入地理解与使用智能机器人,节省维护成本,并提高机器人的匹配率和问题解决率。

图 4-10 意图预测智能问答功能

图 4-11 机器人辅助人工客服

2."怎么样？"的问题

在任何商业模式中，营销的核心通常都是用户，而用户体验则会对营销全局和发展前景产生重要影响。随着"无人经济"模式的应用与发展，再加上用户的消费观念从传统的"为产品而消费"转变为"为生活而消费"，用户更加注重自我需求的满足。

在这种形势下，用户体验备受关注。因此，"无人经济"模式的相关企业或商家所提供的好的用户体验不仅是实现成功营销的重要条件，也是提升用户忠诚度和增加用户黏性的重要保证。

可见，用户体验的提升是促进"无人经济"模式成功运行的绝佳途径。相关企业需要不断地改善和提升用户体验，让用户重新认识"无人经济"模式，并在此过程中形成与用户深度互动的营销模式。

4.2 流量红海下如何抢夺用户时间

在"无人经济"时代，传统经济模式正面临前所未有的压力，市场也在由"卖方市场"转向"买方市场"，人们的消费主动性更高，这说明了由用户主导的经济时代已经来临。下面为用户的消费心理分析。

- 大众化→个性化
- 被动化→主动化
- 烦琐化→简约化
- 呆板化→灵活化
- 随意化→规范化
- 感性化→理性化

从某种程度上来说，用户已经成为"无人经济"营销战略的"决定者"，很多时候他们对于产品或服务的了解程度甚至超过了企业。

那么，"无人经济"时代的用户有哪些消费特征？他们的需求有哪些变化？这些都是企业和商家必须了解的信息。只有了解用户需求才能更精准地刻画用户画像，抢夺用户时间，占据用户心智，成为"无人经济"行业竞争的胜利者。

4.2.1 定位：描绘精准的用户画像以开发产品

如今，我们正处在一个大数据时代。对于"无人经济"行业来说，大数据的典型价值就是可以将用户的所有行为可视化地呈现出来，制作成一个用户画像，如图 4-12 所示。

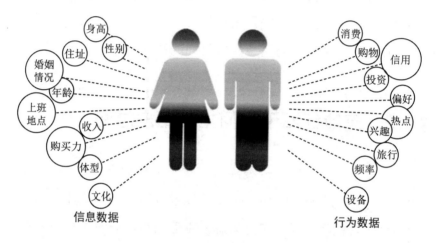

图 4-12 用户画像

在给"无人经济"行业的用户进行画像时，需要先给他们打上各种标签，如年龄、性别、购买力、文化水平以及兴趣爱好等，通过综合提炼和分析用户的高精度特征标识，可形成"无人经济"消费人群的用户画像。

（1）收集用户信息：包括信息数据和行为数据。

（2）贴上相应标签：根据用户的需求和偏好贴标签。

（3）建立用户模型：根据标签建立一个立体化的用户模型，包括时间、地点和人物三个基本要素。

当"无人经济"的相关企业获得准确的用户画像后，即可对自身的产品或服务进行定位，以获得精准的用户流量。对于"无人经济"的相关企业和商家来说，可以基于精准的用户画像和市场定位，打造个性化和差异化的产品或服务。

例如,"未来面馆"推出的五谷豆浆机、智能熟面机、智能水饺机等产品,就是针对有"轻松健康就餐"需求的用户定制开发的,店里没有厨师和后厨,同时还具有夜间无人值守、手机远程预约、自助点餐、人工下单等功能,能够轻松实现24小时经营和无接触点餐,如图4-13所示。

图4-13 针对用户"吃"的需求开发的相关"无人化"产品

在年轻人眼中,出餐效率和健康安全是选择食品时首先应该考虑的要素,同时他们也更加关注具有休闲特点的轻餐饮品类。很多商家看到了其中的商机,已经开始从传统的"将食物卖给更多人"转变为"将食物卖给对的人",通过精准的定位为用户提供新的生活方式。

总之,互联网时代的用户拥有鲜明的个人特征,更注重张扬个性与关注自我。同时,用户在消费时更加倾向于自己的特殊化选择,注重获得个性的满足、精神的愉悦、舒适以及优越感。因此,用户在选择产品时,更多会倾向于那些在外形、色彩、诉求以及其他方面能够彰显个性的产品。

企业可以通过调研、数据分析和问卷访谈等方式来收集用户的一些基本信息数据和行为数据，然后得出用户的精准画像，将用户更加立体化、个性化和形象化地展现出来，并针对用户的特点找出最好的经营模式。

4.2.2 场景：多元应用场景抢夺用户时间

时至今日，在传统经济模式中，人口红利已经基本耗尽，流量获取的成本也越来越高。在"无人经济"领域也需要面对这个问题。各企业正在使尽招数抢夺用户的"碎片化"时间。

不管是在什么细分领域，企业的竞争本质都是对用户的抢夺。在"无人经济"行业中，对于用户的争夺一直十分激烈。"无人经济"模式与传统经济模式一样，用户是最为核心的资源。

要想在当下的"无人经济"行业抢夺更多用户流量，需要通过优质的产品和服务打造出多元场景来抢夺用户时间。

例如，饿了么联合上海万科推出外卖机器人"万小饿"，为用户提供智能送餐服务，代替外卖小哥完成办公楼宇内的"最后一千米"配送服务。"万小饿"拥有简洁清新的外表，而且内置了超大容积的保温桶，同时拥有自主导航能力和自主充电能力，如图4-14所示。

图4-14 外卖机器人"万小饿"

饿了么提出了"未来物流"战略的创新概念，并打造了首个外卖机器人产品。使用机器人来给用户送餐，不但可以提高配送速度，而且这种新颖的科技方式还能够增强用户的好奇心和好感度，有助于提升用户体验。

另外，企业还可以通过技术手段不断完善产品或服务，优化用户体验。总之，在这样的行业大环境下，"无人经济"相关的企业需要积极瞄准人们生活中的各个场景来进行布局,抢夺更多的用户时间份额。

4.2.3 产品:优质的产品体验增加用户黏性

在"用户为王"的互联网营销时代,"无人经济"也是带着强烈互联网属性的商业模式,因此相关的企业和商家更要做好用户运营。

数量众多的用户群体对于各种"无人化"产品或服务的体验也是有区别的。正是这样的体验决定了他们对"无人经济"模式的体验感,也决定了有多少用户愿意持续使用这些产品,成为高黏性用户。

从客观上来说,"无人经济"的产品或服务不可能十全十美,总是存在让用户感觉不如意或欠缺的地方,只有不断减少这种让用户不如意的体验,才能有效减少用户流失,留住用户。

那么,在具体的经营过程中,面对客观的可能存在的问题,以及用户主观上的不完美的体验,"无人经济"模式的相关企业和商家要做的就是去跟踪、收集用户的体验,从而区分出哪些地方是做得好的,哪些地方是需要改进的。把这些资料和信息收集整理出来,才是解决用户黏性的前提条件,才能打破用户留不住的"魔咒"。

相对于线上体验而言,线下体验更容易获得用户的信任,这是"无人经济"模式运作的优势之一。基于这一优势,用户在享受线上消费的同时,也普遍希望企业提供更多的实体终端以供他们体验产品。

例如,很多美团外卖商家由于手机端设备提醒声音小,或者碰到手机不响的情况,又或者店铺堂食比较忙等原因,没有及时进行接单操作,此时便可以采用无人自动接单的方式来提升效率。商家可以配置一台 GPRS(general packet radio service,通用无线分组业务)打印机或者 Wi-Fi 打印机来实现手机端的自动接单功能,如图 4-15 所示。

美团外卖的计算机端则可以在后台进入"店铺设置→系统设置→自动接单设置"界面,开启"PC 自动接单"功能即可。同时,在后厨配备一台打价机,在接单的同时可以直接打出小票,节省更多的时间。

图 4-15　通过 Wi-Fi 打印机实现手机自动接单

再如,有得卖推出了一款无人自助回收一体机——"小红箱",这个领域的"无人经济"模式可以说是另辟蹊径了,如图 4-16 所示。有得卖本身就是一个专为有二手物品买卖需求的用户开发的平台,回收品类包括手机、笔记本、平板电脑、摄影摄像设备、智能数码设备等。

图 4-16　"小红箱"无人回收终端产品

这个"小红箱"无人回收终端产品体积虽然不大,但功能却非常丰富。用户可以使用手机支付宝扫码进入回收交易系统,在线完成二手物品的估价、下单、回收、交付、结款等所有环节。

对于手机品类的二手物品来说,用户不用预约上门,也无须找快递邮寄,只要将手机投入附近便利店或超市中的"小红箱"里,即可现场进行交易,并马上得到预付款。这种二手物品回收方式不仅增效降本,还非常贴近用户的生活场景,能有效提升用户体验。

在"无人经济"模式中,每一位用户都是多个数据的集合体,在深度挖掘目标用户群体数据时，企业可以从用户的多个角度进行数据分析。除用户年龄分析外，也可以对用户的性别、地域分布等细节内容进行分析。

掌握好这些数据后，企业可以从多个角度出发，设计符合用户需求的优质产品或服务，在提升用户体验感的同时，提升用户的忠诚度和转化率。

4.2.4 注意：不能以牺牲消费体验为代价

笔者认为，用户体验和产品功能的完美结合是成功的"无人经济"模式的开发基础。因此，企业需要注意的就是，不能只顾着赚钱，而以牺牲消费体验为代价，否则会惹恼用户，那么企业的前途也就堪忧了。

例如，在淘宝和拼多多等电子商务平台中，笔者发现了很多商家在搞无人直播与录播，甚至有些直播间还被平台推上了频道首页，如图4-17所示。采用无人直播的形式，不仅成本低、门槛低，而且不用商家操心，主要方式有以下两种。

❑ 使用固定摄像头拍摄动态的产品。
❑ 无限循环播放提前录制好的产品视频。

图4-17 录播形式的无人直播间

同时，无人直播还可以实现24小时全天自动化引流，直接引导用户到后端下单变现。当然，如果无人直播的内容做得不够好，是非常影响用户的消费体验的，用户无法在直播间与主播进行交流互动，很容易流失。

因此，建议商家在做无人直播时，可以采用给用户提供实用价值的内容来增强用户的消费体验，具体如下。

- 播放各类视频课程，如化妆、穿搭、绘画、摄影、软件、游戏、美食等教学攻略内容，让用户产生学习欲望。
- 播放产品评测内容，让用户更加了解产品的优势和特点，增强他们想要购买产品的欲望，如图4-18所示。

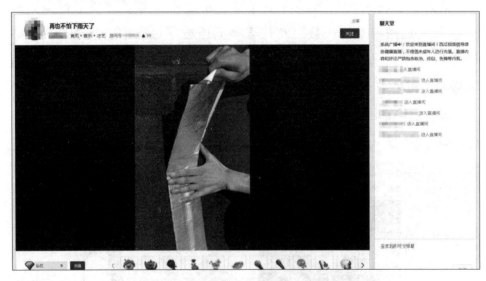

图4-18 播放产品评测内容的无人直播间

- 播放有趣的生活画面，如旅行、宠物、才艺、唱歌、情感等类型的直播内容，更能吸引用户观看。

当用户体验非常好时，就会促进用户对产品或服务的认可，同时可以提高好评率和消费体验；当用户体验非常差时，就会导致用户抛弃这个产品或服务。

因此，无论是在开发"无人经济"相关的产品或服务时，还是在"无人经济"模式正式运作时，考虑用户消费体验都是一件十分重要的事情。通过用户的口碑式传播所获得的宣传效果，远比企业进行商业广告运作更加有效，成本也更加低廉。

4.2.5 跨界：学会用跨界合作吸引更多用户

"无人经济"的流量难以引入，尤其是企业孤军奋斗时，在内部很难形成突破，于是跨界合作就成为新的引流方向。不同行业的企业通过跨界实现强强联合，发挥各自领域的优势，能够快速扩大流量的来源，丰富产品推广渠道，实现双赢的目的。

例如，谷歌是全球搜索巨头，而沃尔玛则是零售行业的巨头，双方都在各自领域拥有不可比拟的优势，但用户群体已经趋于饱和。为此，谷歌和沃尔玛跨界合作，推出了语音购物服务——Walmart Voice Orde，用户可以通过谷歌智能音箱或手机使用语音来订购各种食品和杂货，如图4-19所示。

图4-19 谷歌智能音箱和手机产品

谷歌平台拥有巨大的线上流量，能够给沃尔玛的线下店铺引流，同时谷歌还可以掌握用户的消费数据，描绘出精准的人群画像，从而优化沃尔玛的产品和营销策略，最大化地提升用户的复购率。

4.2.6 打通：实现线上线下的双向导流

如今，在移动互联网的大面积普及下，线上和线下已经逐渐融为一个整体，这也让用户的消费行为变成了双向的，即他们既可能在线上消费，也可能在线下消费。"无人经济"的核心是要促进线上与线下的融合，同步推进实现双向导流。

以云拿 AI 视觉无人店为例，其通过重复结合"人工智能＋大数据"等技术，对用户的购物方式进行重新定义，对传统的线下商店进行升级改造，使其转化为高度数字化、智能化、无须人工收银的智慧商店，如图 4-20 所示。

图 4-20　云拿 AI 视觉无人店

云拿 AI 视觉无人店的主要优势如图 4-21 所示。

云拿 AI 视觉无人店通过线上与线下融合，给用户带来了极大的自由选择空间，也提供了便捷的购物环境和体验，打造出"人—货—场"相互结合的立体营销方式，吸引更多用户前往消费。

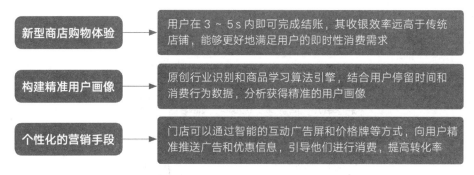

图 4-21　云拿 AI 视觉无人店的主要优势

"无人经济"模式可以大幅提升用户的消费体验,而相关企业则需要尽可能地挖掘更多的新应用场景,更大限度地解决用户的需求痛点。总之,通过优化线上引流方案,同时搭配多元化的线下引流场景,以及打造的供应链体系,三位一体,双向引流,这才是完整的"无人经济"模式。

4.3　实现引流—体验—转化的八种方法

随着互联网技术的发展,人们获取各种信息的途径越来越多,企业和用户之间的信息交流也越来越方便。"无人经济"模式的相关企业不仅需要提升自己的产品品质和服务水平,更需要将自己的品牌信息通过各种方式传递给用户,通过一系列的营销引流活动,促进企业与用户的交流,提升转化效果与利润。

4.3.1　免费式:免费,快速吸引用户眼球

免费式引流方式是指通过免费的方式来延长产业链,扩展利润的获取渠道,从中挖掘新的衍生利润点,从而获取利润的最大化。

免费是指用户只需注册或参与活动,即可获得免费的产品或体验服务,能够快速吸引用户眼球。例如,高德打车和文远知行共同推出的

Robotaxi无人驾驶出租车服务，就针对上线用户提供了首月免费乘坐服务，如图4-22所示。

图4-22 免费乘坐服务

Robotaxi虽然是无人驾驶汽车，但为了最大程度地保障乘客的安全，每辆汽车都配备安全员。乘客使用高德地图App的"打车"功能，在相应的运营区域内选择"文远知行"的乘坐服务，即可免费享用。

免费式引流方式在互联网上随处可见，但在实体行业中却因为成本问题而鲜少出现。其实，餐饮、旅行、娱乐场所、高档商品、共享单车、电信运营商、房地产等行业都可以采用一定程度上的免费式引流方式，先吸引客流，然后通过这些免费用户带来更多的付费用户。

对于"无人经济"模式来说，免费式引流方式要实现变现，可以采用以下几种方法。

（1）免费体验模式。先让用户体验产品或服务效果，再向用户推销产品。

（2）免费副产品模式。给用户提供一些免费的副产品，用户使用后感觉满意，就会去购买主产品。这种模式适合新产品快速打入市场。

（3）第三方免费模式。最常见的就是电视台购买电视节目版权，然后面向大众免费播放，并通过广告来实现营收。"无人经济"行业也可以借助这种第三方支付成本的免费模式，来打造自己的商业模式。

（4）"伪免费"模式。最常见的就是买车、买房时商家宣传的"零首付"，看上去用户"没有花钱就能拥有房子、车子"，但实际上这是一种"先消费、后付款"的信用购物模式，最终用户还是要支付全款的。

（5）免费功能型模式。商家在开发产品时，在自己的产品中集成了另外一个产品的功能，且免费为用户提供，增强产品的竞争力。如手机产品就集成了免费的相机、MP3、电视机、游戏机等功能。

（6）特定人群免费模式。如景区针对女性免费、游乐场针对儿童免费，通过免费人群带动人气，同时吸引更多的用户，在自己的商业场景中产生其他消费。

（7）免费赠品型模式。通过给用户提供大量与产品搭配的有价值的赠品，吸引用户下单。例如，买车时商家通常会赠送一些配饰、保养服务等，就属于这种方式。

（8）捆绑服务免费模式。商家虽然免费将产品卖给用户，但用户在使用产品的过程中，还需要用到商家的付费服务，如充话费免费送手机等。

4.3.2 福利式：爆款，轰动效应，口碑传播力量大

福利式引流是指针对会员提供有吸引力的福利，让他们去线下体验产品。这种方式很容易打造爆款产品。例如，DJI 大疆无人机某新店开业时，就通过六大福利来吸引用户体验和购买无人机新品，具体方案如下。

（1）福利 1：免费赢航拍小飞机。用户只需在新店开业当天到店签到并领取抽奖券，即有机会免费获得一台"御"Mavic Mini 航拍小飞机，

如图 4-23 所示。

图 4-23 "御" Mavic Mini 航拍小飞机

（2）福利 2：分享即可得限量定制好礼。用户只需分享指定的店铺软文，开业当日到店验证后即可获得相应的定制好礼。

另外，门店还提供了限量神秘周边礼包、新品折扣优惠、无门槛抵用券、开业独家优惠等福利，如图 4-24 所示。

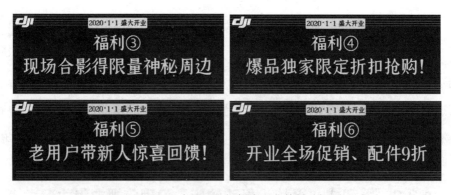

图 4-24 DJI 大疆无人机新店开业的其他福利

4.3.3 抵用式：将门店的消费人群转化成购买用户

抵用式引流是指利用抵用券等方式吸引用户到门店消费体验，核心是将门店的消费人群转化成购买用户。

例如，代金券就是一种"无人经济"行业常用的营销手段。其是商家给部分用户发放的可以在特定条件下抵扣部分消费金额的消费券。

抵用式引流通常包括以下三种形式。

（1）进店领券。商家可以针对部分人群发放，如新客或者新老客通用，并设置合适的发放渠道（如天降红包、微信红包等）和优惠金额，从而实现提升曝光量、访问量和下单率的目的，如图4-25所示。

图 4-25　进店领券活动

（2）下单返券。即用户下单后赠送代金券，具有投放资源可控、封闭和有针对性等特征，可以有效提高客单价和用户的复购率，如图4-26所示。

图 4-26　下单返券活动

专家提醒

满减活动是指当用户达到一定消费金额时，可以享受减免部分金额的优惠。满减活动能够起到吸引用户下单、提高消费金额和客单价的作用。

（3）定向发券。即向指定顾客赠送代金券，如差评顾客、高消费熟客、粉丝顾客、轻度流失顾客、熟客以及自定义人群等类型，商家可以根据店铺的实际情况来发放代金券，实现精准营销。

4.3.4 买赠式：赠品实实在在，提高用户积极性

买赠式引流方式主要包括"买主产品赠附属品""买×赠×"等，商家可以用实实在在的赠品来提升用户下单的积极性。通常，"无人经济"模式的转化率包括访问转化率和下单转化率两类，它们都会对门店下单量和营业额产生很大的影响。商家该如何提升店铺转化率呢？买赠活动就是提升门店转化率的必备引流工具。当店铺某些餐品的销量比较差，且库存较多时，也可以利用买赠活动来达到清理库存的目标。

另外，在店铺订单量非常稳定的情况下，如果想提升营业额，则只能通过提升客单价来实现，而满赠活动就是能够有效提高客单价的引流工具。满赠活动是指当顾客消费达到一定金额时，便可以获得相应的赠品，从而增加顾客对于商家的好感度。下面介绍满赠活动的赠品设置技巧，如图 4-27 所示。

图 4-27　满赠活动的赠品设置技巧

4.3.5 咨询式：用免费服务与用户产生交流

咨询式引流方式是指通过免费的咨询服务，结合门店的产品优势与用户交流，提升用户的转化率，如图4-28所示。

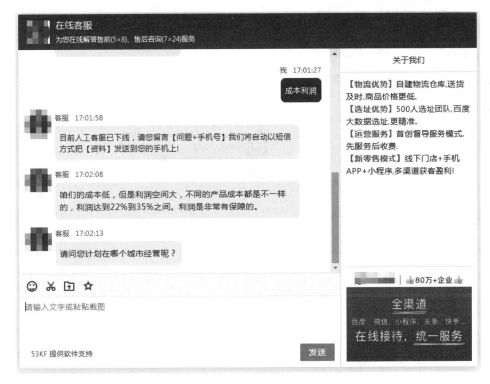

图4-28 咨询式引流

4.3.6 捆绑式：利用畅销品带动"无人经济"的销售

捆绑式引流是指选择门店中最为畅销的产品，捆绑其他产品作为组合套餐，带动其他产品的销售。如图4-29所示，商家通过将收纳包与无人机捆绑在一起进行销售，不仅能帮助店铺推销特例单品和消化库存原料，还能让商家利润最大化。

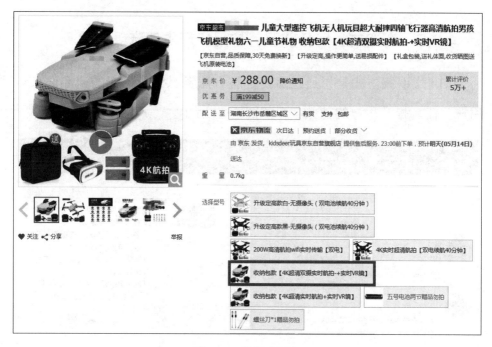

图 4-29 捆绑式引流

4.3.7 招募式：吸纳粉丝，转化成消费者

招募式引流是指通过各种线下或线上的活动吸引用户免费参与，让用户转化为消费者，实现口播传播，吸引更多新粉丝。例如，孚利购无人店在新店开业期间，参与"刷脸"活动的用户可免费升级为钻石会员，如图 4-30 所示。

招募式引流还有一种比较常用的方式，那就是新客立减活动，如图 4-31 所示。

门店的新客立减活动通常与其他营销活动同时进行，可以为店铺带来新的顾客，丰富活动种类，还可以刺激用户下单，提升店铺单量。

图 4-30 孚利购无人店

图 4-31 新客立减活动

4.3.8 定向式：获得精准的目标消费人群

定向式引流是指针对特定的主题或节日，设计有针对性的营销活动，便于用户进行选择，吸引精准的用户人群关注。例如，苏宁极物无人店推出的"嘿 夏天"活动，就是一场针对夏季产品的主题引流活动，如图 4-32 所示。

图 4-32 针对夏季产品的主题引流活动

【行业应用篇】

第 5 章

自助服务：满足用户的多样化消费需求

如果说"无人经济"模式离大众的生活还有一段距离，那么无人自助服务大家都应该体验过，如共享单车、自助洗车、共享充电宝、共享洗衣机、自助健身房、共享纸巾机等，能够满足用户的多样化消费需求。

5.1 无人自助服务,省时省事更省心

无人自助服务是"无人经济"模式中最为常见的商业形式,其不仅能更好地满足用户的需求,降低商家的投入成本,还具有24小时营业、可广泛布点等优势,是一种省时省事更省心的创业形式。

5.1.1 更好地满足用户的需求

无人自助服务能够布局到多元化的消费场景中,同时还能够很好地与用户的需求痛点结合在一起,提升用户的消费体验。

例如,用户在外出旅行时,一般都选择住酒店,但喜欢独处的人则更倾向于住民宿。对于用户的这种需求,就有人推出了自助式无人民宿。自助式无人民宿不设前台,用户只需通过手机预订房间,即可获得电子锁密码,如图5-1所示,然后用密码进入房间,离开时会自动退房,实现全程自助式入住,在这种无人的环境下用户可以更好地放松自我。

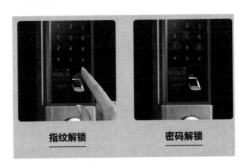

图5-1 自助式无人民宿的电子锁

5.1.2 降低商家的投入成本

零售和制造等行业都属于劳动密集型行业,人力成本的投入非常大,

其次就是房租、水电和管理费用等。而无人自助设备在房租和人工成本方面均有优势，商家只需租用小面积的空间，同时还省掉了店长、店员等培训成本和薪酬开支，有助于降低商家的投入成本。

例如，中吉无人售货机比传统的售货机机身更小，可以减少占地空间，同时货柜的存储量却增加了，商家可以任意摆放，兼容更多种类的商品，满足更多场景化的需求，如图5-2所示。

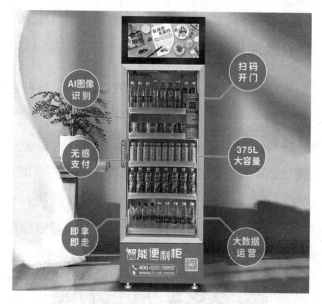

图5-2　中吉无人售货机

5.1.3　减少排队等候时间

用户在消费时如果需要排队等候，往往会产生一种消极的消费体验。

商家可以运用一些无人自助设备来有效地减少用户排队等候的时间，如自助点餐机、自助收银机、自助办卡、自助打印机等。

例如，在医院的大厅中通常可以看到各种自助挂号机、自助缴费机以及自助检验报告取单机等，不仅能够为用户节省时间，还能够提升经营效率，如图5-3所示。

图 5-3 自助缴费机

再如，为了提升办事效率，很多车管所里都布置了驾驶人自助体检机，通过智能语音引导用户进行规范体检，同时医生还可以通过视频监测用户的体检行为，全程只需要 3~5 min，如图 5-4 所示。

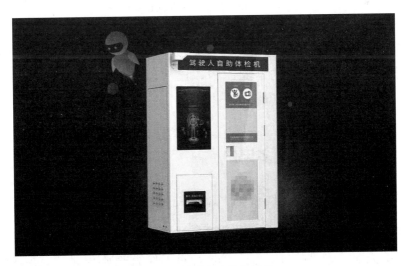

图 5-4 驾驶人自助体检机

通过这种无人自助设备，用户无须复印、填表和递交相关纸质资料，整个业务办理过程都实现了电子化，体检信息也会自动同步到医院系统。当然，类似的自助设备还有很多，如自助证照机、业务受理照相一体机、交管业务受理机、临时号牌核发受理机等，如图5-5所示。

图5-5　交管业务的相关无人自助设备

无人自助设备的最大好处就是方便有需求的用户，减少排队等候时间，同时可以减少柜面的营业压力，还可以有效延伸相关服务的营业时间。

5.1.4　可以吸引更多用户

运用高科技的无人自助设备，不仅能够提升效率，而且其因为新鲜的玩法，还能够吸引一些有高效办事需求的用户。例如，很多公司的财务或出纳人员工作时都比较忙，每天的工作就是不停地重复填单、盖章、打印。此时，相关网点便可以使用自助填单机和打单机等设备来优化业务流程，提高网点的服务效率和财务人员的工作效率，如图5-6所示。同时，提供这种服务的网点也会吸引更多用户前往。

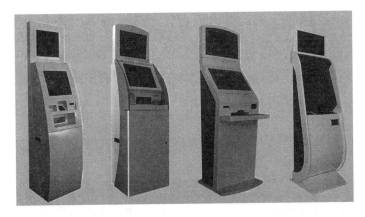

图 5-6 自助填单机

5.1.5 实现 24 小时营业

无人自助设备无须服务人员,只要通电即可实现 24 小时营业,增加商家的营业时间和利润。

例如,洗衣液自助售卖机可以全天 24 小时进行自动售卖,商家投放设备后,无须安排人员看护管理,非常适合社区、居民小区、学生宿舍生活区、连锁便利店、生活区便利店、自助洗衣店以及社区药店等场景,如图 5-7 所示。

图 5-7 洗衣液自助售卖机

再如，全自动棉花糖机器人设备，通过机械手代替人工操作来生产棉花糖，无安全隐患，而且可以全天24小时持续生产，非常适合美食街、步行街、大型商场、热门景区、旅游酒店和游乐场等场景，让商家轻松实现创业赚钱，如图5-8所示。

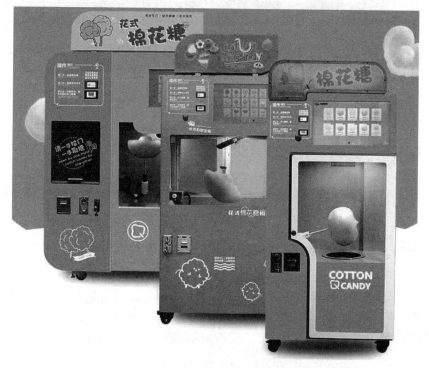

图 5-8　全自动棉花糖机器人设备

5.1.6　可以广泛布点

无人自助设备由于占地空间小，而且无须专人看守，因此可以进行广泛布点，提高设备的用户量。例如，自助售水机设备，无须店面和人工，产品也是现制现售，可以广泛安装到城市小区、村镇、店面、工厂以及学校等场景，如图5-9所示。

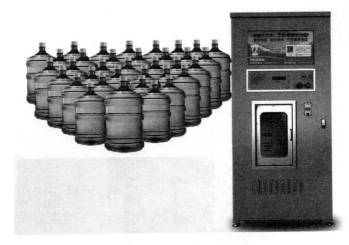

图 5-9 自助售水机设备

5.2 带来智能生活新体验的常见自助服务

自助服务可以有效降低相关企业、商家或机构的人工劳动强度,为特定的人群提供有针对性的服务,并培养全新的消费观念。各种自助设备和相关服务的出现,让人们的生活也变得更加便捷和智能化。那么,生活中比较常见的自助服务有哪些呢?本节将为大家一一揭晓。

5.2.1 迷你 KTV

在本书第 1 章对"无人经济"模式的概念进行解读时,笔者就曾用无人自助 KTV 进行了举例说明。其实,这种迷你 KTV 的"无人经济"模式很早就出现了,它既能够满足用户的碎片化娱乐消费需求,同时又是对传统经济模式的一种改造,制造了一个打通线上与线下的"轻娱乐"商业模式。

例如,友唱 M-bar 的迷你 KTV 拥有多元化的娱乐功能,如唱歌、虚拟包房、社交互动、游戏等，而且这个小房间在细节上也做得十分到位，为用户提供快捷、简单、高品质的自助休闲娱乐方式，如图 5-10 所示。

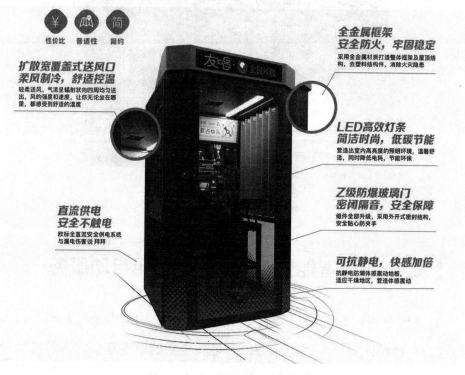

图 5-10　友唱 M-bar 的迷你 KTV

迷你 KTV 受到了很多年轻人的热捧，其运营场景包括商场、游戏厅、企业休闲区、学校、候机大厅、餐厅以及户外等。另外，迷你 KTV 除了可以面向用户收费外，还可以赚取广告费用，吸粉和营销两不耽误。

5.2.2　无人书店

无人书店与自助图书馆是一种 24 小时无人值守的新零售模式，有效节省了人工成本，如图 5-11 所示。无人书店主要采用无现金支付、人工智能、人脸识别等技术，与传统书店相结合，帮助用户完成全程无人值守的自助购书和借书，用户只需刷脸→扫码→进门→扫货→结算→离开这几个简单的步骤，即可轻松购书。

图 5-11　自助图书馆

在无人书店或自助图书馆中，除用户外，全程看不到任何工作人员。用户通过门禁系统的人脸识别认证后，即可刷脸进入书房借阅或选购图书，轻松在线支付。门禁报警流程如图 5-12 所示。

图 5-12　门禁报警流程

表 5-1 所示为无人书店和传统书店的优势对比。无人书店为用户带来了全新的阅读体验，不仅操作非常简单，而且能够 24 小时无人值守开放，满足人们日益增长的文化消费需求。

表 5-1　无人书店和传统书店的优势对比

对比项目	传统书店	无人书店
投入成本	人工管理，人工成本高	无人值守，人工成本低
营业时间	营业时间受限	营业时间长，可 24 小时营业
用户体验	排队时间长，图书流通率低	快捷购物，减少等待时间
货物管理	传统书店管理困难	智能后台轻松经营
数据管理	信息传递慢，资源共享难	后台数据化，数据实时同步

5.2.3　共享单车

共享单车主要采用分时租赁的方式，解决了用户"最后一千米"的出行难题，是一种新型的低碳环保"共享经济"模式，如图 5-13 所示。

图 5-13　共享单车

对于用户来说，骑行共享单车也非常方便，可以通过微信、支付宝或者相关的共享单车 App 中的地图功能，找到附近的车辆，然后扫码开锁即可骑行，如图 5-14 所示。骑行完毕，用户可以通过手机锁车，同时相关后台会自动完成扣款。

共享单车可以通过与其他交通工具进行互补，大幅缩短用户的在途时间，提升生活和工作的效率，培养更健康的生活方式。

第 5 章　自助服务：满足用户的多样化消费需求

图 5-14　用手机扫码即可开锁骑车

5.2.4　共享汽车

随着共享单车将"共享经济"的概念炒得火热后，该领域诞生了很多新的"无人化"经济模式，共享汽车就是其中的一个，并逐渐实现了规模化发展。

共享汽车与共享单车的商业模式非常相似，基本都是通过租金和押金的方式来进行盈利。同时，也有一些可以免押金的共享汽车平台，如联动云共享用车、GoFun 出行、EVCARD 分时租车、摩范出行等平台，用户的支付宝芝麻信用分达到一定标准就有机会免押金，如图 5-15 所示。

大部分共享汽车平台均采用新能源汽车，让用户出行更加低碳环保，而且全程可自助租还。用户只需下载相关的 App 注册并认证，然后通过手机扫码取车、用车、还车与结账，全程都在手机端进行，无须其他工作人员的帮助，如图 5-16 所示。

图 5-15 可以免除押金的部分共享汽车平台

图 5-16 共享汽车的使用流程

例如,EVCARD 分时租车主要按照租赁的时长进行计费,最小单位为 1min,当日租赁超过 6 小时后不再计费,不同车型计费方式有所区别。图 5-17 所示为 EVCARD 分时租车的车型和计费方式。

目前,EVCARD 分时租车的业务已经覆盖浙江、江苏、四川、海南、重庆等省和直辖市的 65 个城市,拥有 13 000 多个网店,50 000 多辆新能源汽车投入运营，平均月订单量达到180多万单，全国累计注册会员达到780万。

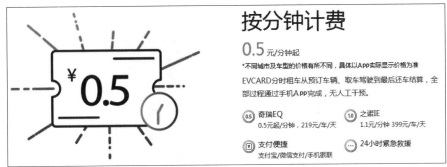

图 5-17　EVCARD 分时租车的车型和计费方式

对于用户来说，共享汽车可以为用户提供便捷、快速、时尚的公共交通出行解决方案，满足用户的中短途出行需求，而且用户无须购车、养车，也不用考虑停车的问题，即可体验独立、灵活的城市驾车乐趣。

5.2.5　自助洗车

如今，洗车这种传统行业面临以下痛点。

- 店面租金成本上涨。
- 员工工资成本上涨。
- 同行竞争非常激烈。

目前来看，"无人经济"模式能够很好地解决传统洗车行业的这些痛点。"无人经济"模式的优势具体如下。

- 开店成本较低，而且对于场地的限制低。
- 延长营业时间，实现 24 小时全天营业。
- 无须人工服务，车主自助洗车，运营成本较低。
- 价格便宜，能够吸引更多的车主前往洗车。
- 效率更高，随到随洗，仅需 10 min。

通常情况下，这些自助洗车设备都采用了户外自动感光调节技术的高清 LED 广告屏，支持微信、支付宝、VIP 卡、IC 卡（integrated circuit card，集成电路卡）等支付方式，如图 5-18 所示。

图 5-18　自助洗车设备的支付方式

同时，自助洗车设备还可以将洗车和消费进行完美结合，解决车主洗车场景的其他需求。也就是说，商家可以将自助洗车服务作为一个新的消费入口，打造更多汽车后市场服务生态产业链。

例如，"非洗不可"是一个提供自主洗车服务的小程序，用户可以通过该小程序查看附近的自助洗车设备地址、扫码洗车、洗车帮助以及获取相关的人工服务，如图 5-19 所示。

对于用户来说，这种自助洗车的消费方式非常新鲜，而且价格便宜、设备工具齐全，自己动手洗车不仅锻炼了身体，还能洗得更加干净。

图 5-19 "非洗不可"小程序

另外,市场上还有一种无接触式自动洗车设备,这种设备能够自动检测和识别不同的车型,并且可对冲洗距离进行精准调节,清洗更加高效。图 5-20 所示为镭翼 SG 自动洗车机,这种设备能够对车身表面进行高压冲洗。

图 5-20 镭翼 SG 自动洗车机

5.2.6 自助银行

自助银行就是没有工作人员的银行,由用户自己通过各种智能化的电子设备来获得需要的服务。自助银行通常有以下三种类型。

(1) 大堂式自助银行:这种设备比较常见,就是银行营业大堂中的各种智能设备,如排队取号机、纸硬币自助兑换机、自动办卡机、对账单打印机、反假货币宣传工作站、自动提款机、自动存款机、存折补登机、多媒体查询机、外币兑换机等,可以代替一些相关的人工服务,如图5-21所示。

图 5-21 银行自助终端机

(2) 入墙式自助银行:也就是常见的自动柜员机,即 ATM (automatic teller machine),可以代替银行柜面人员的一些工作,如提取现金、查询余额、转账缴费等,如图 5-22 所示。

图 5-22　ATM

（3）无人银行：无人银行是指没有柜员、保安、大堂经理等职工的银行，取而代之的是会说话的智能机器人为用户提供各种服务。例如，中国建设银行推出的无人银行，用户只需将手机号、银行卡和人脸识别进行绑定，即可办理各种银行业务，如图 5-23 所示。

图 5-23　中国建设银行推出的无人银行

5.2.7　无人按摩椅

近年来，无人按摩椅得到了人们的广泛认可，市场不断扩大。在各种车站、机场、商场和电影院内，都可以看到排列得整整齐齐的无人按摩椅，如图5-24所示。用户只要扫描无人按摩椅上面的二维码进行付费，即可享受到一段时间内的按摩服务，让身心得到放松。

图5-24　无人按摩椅

对于商家来说，这些无人按摩椅设备放置在公共场所中，没人使用也不会产生任何成本损失。一旦有人使用，则很容易吸引其他人，并能够给商家带来利润。

同时，无人按摩椅设备还可以为这些公共区域提供更多高档的休息方式，投入成本也不是特别高，而且不需要经常管理和运营，整体的运营成本相对较低。另外，无人按摩椅设备还有另外一个"大头"收入，那就是打广告。在人流量非常大的地方，广告的效果也比较明显。

5.2.8　自助健身房

如今，传统健身行业变得越来越"重营销、轻服务"，在这种市场趋势下，很多"小而美"的自助健身房品牌开始兴起，获得了很多人的关注。

例如，坚蛋运动就是一个能够24小时全天营业的智能化自助健身房品牌。用户可以使用坚蛋运动App查询附近的门店地址、私教课程，以及购买月卡和进行体质测试，如图5-25所示。

坚蛋运动的自助健身房采用人脸识别、扫码进店的方式，同时运用了"大数据+云计算+万物互联"等技术来打造智能健身房，让每个人随时随地享有运动的自由。这种"小而美"的自助健身房场地成本比较低，而且采用"共享教练"的模式，极大地降低了运营成本。

图 5-25　坚蛋运动 App

再如，超级猩猩这个自助健身房品牌，采用了外形类似集装箱的"无人化"健身舱，还提供了多种健身课程，满足用户的不同健身需求。目前，超级猩猩已经完成 E 轮融资，估值约 10 亿美元，同时在全国十大城市开设 100 多家线下连锁门店，如图 5-26 所示。

图 5-26　超级猩猩的线下连锁门店

用户可以关注超级猩猩的微信公众号，预约健身服务或购买健身课程。另外，健身器械上还附有二维码教程，新用户可以扫码查看教学视频，这样不仅可以增强用户的消费体验，还可以提高复购率。

5.2.9 自助打印机

自助打印机是一种将"共享经济"和"无人化设备"完美结合的经济模式，通过投放到各种刚需场景下，解决用户的打印需求，如图5-27所示。

图 5-27 自助打印机

自助打印机通常具备身份证复印、图文复印、证件复印、U盘打印、云打印和照片打印等功能。同时，自助打印机可投放到商场、写字楼、学校、便利店、商务酒店、银行、医院、政务大厅、图书馆、社区服务中心等各种人流密集的区域。

自助打印机的操作非常简单，现场也不用专业人员提供指导，可以为用户带来方便快捷的打印体验。用户通过手机App、微信、U盘或蓝牙等方式，将需要打印的文件上传到自助打印机设备，然后通过硬币、微信、支付宝或人脸识别等支付方式进行付款，即可实现自助打印。

5.2.10 自助洗衣房

自助洗衣房采用了智能洗衣机设备，设备中集成了重量传感器，能够实现智能称重，并自动检测进水量和添加洗衣液，衣服洗得干净，还省水。用户进入自助洗衣房后，可以通过投币或扫码等方式付款，开启智能洗衣机设备，如图 5-28 所示。

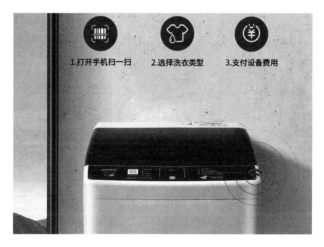

图 5-28　智能洗衣机设备

商家可以通过手机 App 管理店铺后台，一键查询收益，以及查看设备故障提醒等。自助洗衣房适合酒店、洗衣店、学校、工厂等场景，其凭借可观的利润收入成为现今热门的商业项目。

第 6 章

"无人零售"：让产品更贴近目标消费群

随着人工成本和零售店的不断增多，一家零售店要想从市场中脱颖而出变得越来越难了。正是因为如此，许多零售业从业者都在探索新的零售模式，而"无人零售"也成为了不少人的一个选择。

6.1 "无人零售"迎来理性沉淀期

不管是线上还是线下，零售行业都在经历巨大的变革——从传统零售转变为"无人零售"，随之而来的，就是更多新的商业场景、应用技术、供应链以及消费关系的兴起。当然，要读懂究竟什么是"无人零售"，我们首先要了解它的优势、核心关注点、用户运营和品牌营销等内容。

6.1.1 新零售的新"风口"："无人零售"

如今，随着经济增速逐渐趋于平稳，零售业也开始走向低迷。传统零售行业面临的困境如图6-1所示。

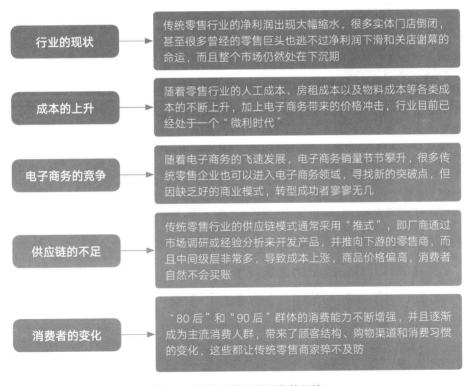

图6-1 传统零售行业面临的困境

可以说，如今已经是一个跨界"打劫"的时代，企业如果不拥抱时代的变化，不学着跨界，那么别人就会跨界来"打劫"你，而你就只能等着被时代淘汰。如卖手机起家的小米，就将跨界"打劫"这种互联网思维做到了极致，推出了电视机、笔记本、家电、与出行相关的智能产品等，这对于传统的数码和家电零售企业来说是一种有力的打击，如图 6-2 所示。

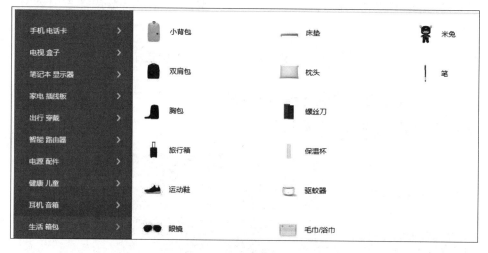

图 6-2　小米的跨界产品

在跨界"打劫"的时代，一大波百货商店、连锁超市和购物中心等传统零售企业巨头在倒下，甚至很多企业连对手是谁都不知道就失败了。

随着消费升级和各种新技术的出现，零售行业被深深影响了，不管是线上的还是线下的零售企业，都需要利用"新零售"模式和各种新技术来应对消费升级，满足新消费需求。

那么，新零售究竟是什么？答案并不是统一的，每个人都有自己的不同看法，目前并没有一个标准的说法。

说法 1：新零售是一种全新的商业体系，可以满足各种新的消费需求。

说法 2：新零售是"新瓶装旧酒"，其实就是 O2O 的一个升级版本。

说法 3：新零售采用各种数字化技术的新工具，让线上和线下深度融合在一起。

说法 4：新零售以消费者为中心，全面打通会员、支付、库存以及服务等方面的数据，构建一个"线上＋线下＋物流"的商业体系。

说法 5：新零售＝新需求＋新技术。

按照新零售理念的提出者马云的释义："未来，线下与线上零售将深度结合，再加上现代物流，服务商利用大数据、云计算等创新技术，构成未来新零售的概念。"

按照亿欧公司创始人黄渊普的理解："新零售通过整个线上线下的全面融合，利用先进的技术，收集 C 端消费者的需求，去反推整个生产，以达到 C2B（customer to business，即消费者到企业）完全无库存销售。"

不管是哪种说法，都可以看到消费升级、新技术、线上线下、大数据等关键词。因此，可以说新零售就是在消费升级的时代趋势下，利用大数据、云计算等各种新技术打通线上线下，打造高效物流，创新整个零售业产业链，从而发起一场商业变革。同时，新零售加速了实体零售企业与互联网的融合与渗透，未来单纯的零售行业将不复存在，而会出现一个相融共生的新商业生态系统。

如今，新零售又出现了新的"风口"，那就是"无人零售"，如无人超市、无人便利店、无人货架等，这种全程"无人化"的购物体验让用户的消费过程更流畅便利。

随着"无人零售"概念的火热，加上相关技术的发展，很多线上的电子商务零售企业开始向线下布局，而线下的实体零售企业也开始拥抱线上，两者开启了一波相互融合的浪潮。例如，蚂蚁金服无人体验店（WithAnt）正是在这种趋势下得以在线下顺利入驻，售卖蚂蚁金服的周边衍生产品，如图 6-3 所示。

这种"无人化"的新商业模式依靠的是计算机视觉、传感器和人工智能等技术。当然，这些技术需要企业付出巨大的开发成本，因此

"无人零售"的全面普及还有很长的路要走。但是，我们无法否认，"无人零售"这个新的"风口"，既是趋势，也是必然。

图 6-3　蚂蚁金服无人体验店

6.1.2　"无人零售"的主要优势

人是理性的，我们之所以要做某件事，一定是有原因的。那么，许多人为什么要选择做"无人零售"呢？这主要是因为"无人零售"有着诸多的行业优势。在笔者看来，"无人零售"主要有以下八大优势。

1．人工成本较低

与传统零售相比，"无人零售"在成本方面的优势显而易见。在传统便利店或超市中，可能需要配备导购员、收银员、服务员等工作人员。一个普通便利店的员工可能就要达到 5 人左右。而在"无人零售"的店铺中，则不需要配备任何工作人员，这便极大地节省了店铺的人工成本。

2．地利优势明显

传统零售企业通常会设置在人流量较大的位置，这样做虽然便利了店铺附近的用户，但是对于部分距离较远的用户来说，从自己家里到这些店铺去购物，可能会比较费力。

而"无人零售"的店铺因为人工成本低，而且店面的面积通常也比较小，可以设置在各大社区门口、百货商场、写字楼、学校、商业区和步行街等地方。这样一来，"无人零售"在地利方面的优势就比较突出了。

3．购物方便快捷

"无人零售"的方便快捷是多方面的，具体如下。

- 从购物距离来看，无人便利店往往更靠近用户的生活、学习或工作区域，他们想要进店购物非常方便。
- 从购物过程来看，用户只需自行选择商品即可，无须面临不必要的推销。
- 从付费结账来看，许多"无人零售"店铺中都可以通过支付宝和微信等进行自助结账，甚至在通过出入口时便可以自动结账，省去了排队结账的时间。

4．应用场景丰富

"无人零售"的应用场景非常丰富，它既可以像传统零售那样，在人口密度大的地方开设一个面积比较大的店铺，也可以像一个盒子一样，在某个广场或者公园用几十平方米的面积开设一个小型店铺。商家在开设店铺之前，只需根据自身需求进行选择即可。

5．全天24小时营业

传统零售店铺的员工需要休息，但是"无人零售"店铺中并不需要员工。所以，"无人零售"店铺正式营业之后，商家只要适时补充货物，便可以24小时全天候、全年无休地进行长期营业。

6．店铺便于管理

"无人零售"的管理可以说是非常方便的，它可能不需要导购员和收银员，而只需要一个供货员就可以了。再加上商品数据的可视化管理，商家随时随地都可以知道哪些商品需要补货。在这种管理模式下，一个人甚至可以管理好几个店铺。

7．数据分析助力

通过商品的拿起率和销售量，商家可以判断哪些商品的需求量是比较高的，然后针对性地进行提供。

- 通过查看店铺商品的库存状况，商家可以及时进行补货。
- 通过对下单用户数据的收集，商家可以绘制出精准的用户画像，进行个性化的营销。

8．科学技术赋能

"无人零售"的科学技术赋能是多方面的。

- 从商品供应方面来看，商家可以通过对销售数据的分析，了解用户的购物偏好。
- 从购物体验来看，自助结账和自动结账的方式极大地提高了购物的效率，如图6-4所示。

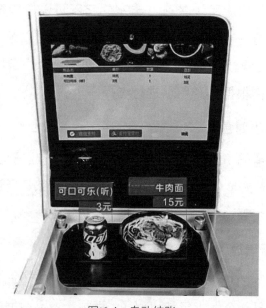

图6-4　自动结账

6.1.3 "无人零售"的三个核心关注点

"无人零售"通过融合线上与线下，提高了零售链条的效率，重新认知和塑造线下场景的流量价值。当然，不管是"无人零售"还是传统零售，在零售行业中"人""货""场"是三个十分重要的元素，正是这三个元素构成了零售，而"无人零售"则可以重新架构"人""货""场"三元素的关系和形态。

1．"人"的重建

"人"是指用户、顾客。零售行业与其他商品销售行业，以及批发、代理等行业的最大不同之处就是，商家直接面对商品销售产业最末端的消费者。

因此，商家并不只是简单地将商品卖给消费者就可以了，往往还会提供售后等延伸服务。因此，商家要与消费者保持联系，这种联系不会随着商品交易的完成而结束，只有这样，商家才能保证消费者会再次回购，从而获得稳定的客流。

例如，饿了么推出"e点便利"，入局"无人货架"市场。该平台主要提供饮料、酸奶以及小零食等商品，甚至还可以扩展到熟食、生鲜，用户可以使用支付宝或者微信扫码付款，以此满足用户更多元化、多时段、多品类的需求，如图6-5所示。同时，借助阿里巴巴强大的物流体系，在配送和后端供应链方面，可以保障产品的及时更新和维护。

"e点便利"通过占领办公室的消费场景，抓住了白领人群的消费需求，为线下用户提供更好的服务和体验。

2．"货"的重建

"货"是指货物、商品。零售行业对货物的管理大致有选品、进货、补货、定价这几个环节，这些环节一同构成了零售货物流通的流水线。

在这样的一个流水线中,对货物管理的效率和成果是至关重要的,因为商家是需要通过了解这条流水线中的数据来做出选品决策的。

图6-5　饿了么推出"e点便利"

如果每一件货物都有二维码作为标识,那对货物的管理无疑会更加轻松,在整个流水线环节中,二维码可以方便商家记录货物信息和对货物进行分类。

另外,在商品的销售环节中,商家也可以通过消费者的扫码信息收集消费者数据,从而分析他们的消费趋势,并对之后的销售方向进行决策,也可以据此打造爆款商品。

3."场"的重建

"场"是指消费环境,具体指门店。对于门店的管理,商家既要考虑到大的布局,也要考虑到小的环境。

- 大的布局,是指门店的地理位置。门店要开在人流集中的地方,这样才可以吸引足够多的客流。但是,在人流聚集的商业中心地区,门店通常非常多,如何从其他同类门店中争取消费者是一个重点。

□ 小的环境，是指店内的场地环境的规划和商品的摆放，如何让消费者在店内逛得舒服、买得轻松，这是另一个重点。

例如，SandStar 视达推出的智慧门店分析解决方案如图 6-6 所示。其中，SKU 是 stock keeping unit 的缩写，即库存保有单位的意思。

图 6-6 智慧门店分析解决方案

该方案通过大量的零售行业技术手段，如计算机视觉（computer vision，CV）、人工智能等，打通了"人—货—场"的数据，实现了数字化的门店经营，如图 6-7 所示。

图 6-7 智慧门店分析解决方案的功能模块

通过这种智慧门店分析解决方案，线下实体店也可以像线上电子商务那样搭建消费漏斗模型，如图6-8所示（POS是指结算系统）。这样，实体店就能够获取进店消费者的用户画像，从而实现精细化运营和精准营销，为消费者提供个性化、沉浸式的购物体验，并促进营销转化和收益增长。

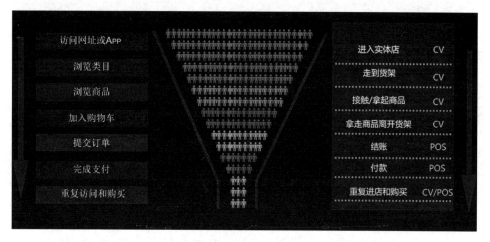

图6-8　消费漏斗模型

6.1.4　"无人零售"的用户运营

零售业经历了几次变革，从最初的"以渠道为中心"的传统零售模式，到后来的"以产品为中心"的电子商务零售模式，如今正过渡到"以用户为中心"的新零售模式。过去，零售的最终目的是"卖产品"，主要以产品经营为主，而新零售模式下的"无人零售"则以用户运营为主，侧重于提升用户的消费体验。

例如，苏宁云商通过"一体两翼三云四端"的新零售战略，以用户的消费体验为导向，改造以往纯粹的销售功能，将其升级为集展示、体验、售后服务、休闲社交、市场推广为一体的新型实体门店（见图6-9）。

图 6-9　"一体两翼三云四端"的新零售战略

苏宁易购云店集成了大量的智能化技术和产品,如智能语音交互技术、刷脸支付技术、AR(augmented reality,增强现实)互动技术、智能家居产品、智能穿戴产品等,为用户营造了一个有态度、不平凡的新生活空间。上海浦东苏宁易购云店中的智能导购机器人如图 6-10 所示,其为用户带来了高品质的全场景、全渠道、多样化的消费体验。

图 6-10　智能导购机器人

如今,用户已经开始从被动接受产品信息逐步转变为主动获取、认知产品信息,且会主动参与产品的制作和推广,话语权已然转移到了用户一端。

"无人零售"是一个用户导向的时代,用户从"被动接受"变为"主动参与",同时对产品的需求也变得更加个性化。因此,企业不能只是被动地跟随市场需求的变化来生产产品,而是要完成对消费需求从被动适应到主动创造的转变，打造更多参与式营销方案，让用户转变为"故事中的主角"。

总的来说，面对"无人零售"时代的用户从被动到主动的转变，企业需要不断学着创新，以迎合用户的个性化消费需求，打开他们的心理防线，并不断扩大企业在用户心中所占的"地盘"，这样才能使自己立于不败之地。

6.1.5 "无人零售"的品牌营销

"无人零售"的品牌营销是在数据驱动的情况下，通过对"人—货—场"三个要素的重构，以用户潜在的需求为中心打造商品和服务，让品牌能够精准地触达用户。

1．构建"无人零售"的品牌唯一性

在零售行业中，有些品牌如昙花一现，起初知名度很高，但慢慢地就从人们的视线中消失了，这样的例子非常多。但是，也有很多品牌能够保持长久的运营和高速的成长，它们的主要差别在于品牌唯一性。

因此，"无人零售"时代我们也需要构建品牌唯一性来提升自己的竞争力，让品牌具有不可代替的特性，能够长久地立于市场之中，成为行业的佼佼者。构建"无人零售"的品牌唯一性的主要方法如图6-11所示。

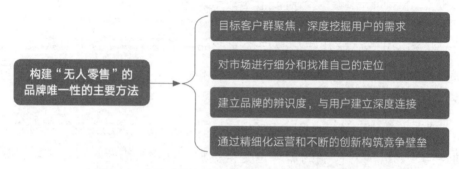

图6-11　构建"无人零售"的品牌唯一性的主要方法

若你的品牌经常随意修改,没有打造唯一性特征,则门店很难积累人气,用户也不会形成强烈的品牌印象。因此,品牌唯一性对于"无人零售"行业长远的运营有着重要的影响。

2. "无人零售"的全渠道营销策略

"无人零售"已经完成了从单渠道到全渠道的进化,未来的商业世界将会是一个全渠道和广域连接的世界。在传统零售时代,单渠道营销是主要的模式,是指利用邮件、广播以及电视等其中一条渠道进行宣传推广,通常只能为少数的用户提供服务。而"无人零售"时代的多渠道营销则是指运用不同类型、不同方式、不同终端的渠道或平台来触达用户,并实现和用户的互动。

"无人零售"的全渠道营销实现品牌、门店、用户和导购快速有效连接,让彼此之间的连接变得更简单,如图6-12所示。

图6-12 "无人零售"的全渠道营销策略

3. "无人零售"的社群营销策略

如今,社群营销是一种极为火爆的营销方法,它是由小米、罗辑思维等公司带起来的一种新型营销方式,它的核心就是企业与用户建立起"朋友"之情,不是为了广告而去打广告,而是为了交朋友而去建立感情。

"无人零售"的品牌营销核心任务在于先构建消费体验,然后让用户与商品建立紧密的关系,形成品牌的忠实用户社群,建立以社群为核心的商业模式，如图 6-13 所示。

图 6-13　"无人零售"的运营核心

传统零售是"渠道为王"的时代，核心商业模式是 B2B2C，如图 6-14 所示。"无人零售"的品牌营销核心则在于口碑和社群，口碑与流量相辅相成，共同通过社群来放大营销效应，"无人零售＋社群"是最大的机遇与可能。

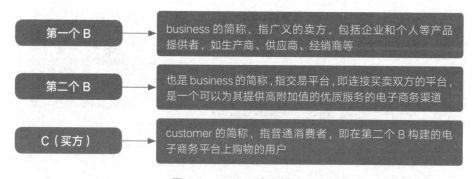

图 6-14　B2B2C 商业模式

4．"无人零售"的大数据营销思维

在"无人零售"时代，企业可以利用大数据营销打通线上与线下数据，将"人—货—场"数据化，做好门店的客流分析、用户画像、精准营销以及用户留存等工作，从而提高品牌的影响力和商品的转化率，同时实现高效运营。

例如，小e微店依托购物距离近、消费体验好、用户黏性高等优势，基于用户的行为与消费数据，深度挖掘其中的数据价值和用户价值，打通用户、商品、场景等数据信息，实现智能化的营销决策，如图6-15所示。

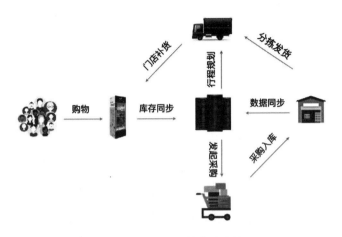

图6-15　智能化的营销决策

6.2 "无人零售"的主要类型

未来，零售行业的发力点在于整合行业资源和打造营利模式，并找到适合用户需求的切入点，进一步整合技术方案进行营销创新，塑造更好的消费场景。

前面介绍了一些"无人零售"的基本运营技巧，可能大家对于"无人零售"是什么还是很难理解，本节再通过五个经典的运营类型来诠释"无人零售"，通过从不同角度进行阐释的案例帮助大家彻底看懂"无人零售"。

6.2.1　店铺型：F5未来商店

店铺型的"无人零售"模式是指规模相对较大的便利店，也是最像传统便利店的一种模式。它与传统便利店相比，差异可能就是少了员工，多了一些科技元素。市面上常见的店铺型无人便利店也有很多，如 Amazon Go、淘咖啡和 F5 未来商店等。接下来，就以 F5 未来商店为例重点进行说明。

F5 未来商店是一家无人值守的机器人便利店，主要经营即食性食品、现冲饮品、日用百货等，通过各种自动化和智能算法等技术代替人工，由机器自动完成一系列服务员的工作。下面介绍 F5 未来商店的消费过程。

（1）F5 未来商店采用开放式门店和封闭式货架，分为"选购区"和"取货区"两部分，如图 6-16 所示。

图 6-16　F5 未来商店的"选购区"和"取货区"

（2）用户进入店铺后，可以在店内的大屏幕上下单，然后使用微信或支付宝进行扫码付款，如图 6-17 所示。另外，用户还可以通过小程序远程下单后到店取货。

图 6-17　选购商品并付款

（3）完成付款后，小程序或出货口屏幕会显示出货进度，如图 6-18 所示。

(4) 以鲜食商品为例，在用户下单的同时，机器人会从冷库中取出原材料，如图6-19所示。

图6-18　显示出货进度

图6-19　机器人取出原材料

(5) 机器通过水煮、气蒸、微波等加热方式，对食品原材料进行加工，如图6-20所示。

(6) 加工完成后，从出货口取出食物，如图6-21所示。

图6-20　对食品原材料进行加工

图6-21　取出食物

(7) 用户在店内就餐结束后，按下清洁按钮，桌面上的垃圾即可自动回收，如图6-22所示。

图6-22　自动回收桌面上的垃圾

看完 F5 未来商店的整个消费流程，是不是觉得很智能化？在 F5 未来商店的管理者看来，他们更注重零售与餐饮的结合，以及未来商业空间的探索，并会对人与各种商品的连接场景进行重构。

从过去的市集开始，到现代的零售业，再到后来的电子商务模式，现在很多零售企业又开始发力新零售模式，通过各种智能化的技术打通线上与线下的连接，以打造出更加智能化的"无人零售"场景。

6.2.2 货架型：猩便利、NOW 无人货架、"丰 e 足食"

货架型"无人零售"模式是指以货架的形式销售产品，无人值守货架就是"无人零售"时代的典型产物，大量资本的涌入，以及巨头企业的跨界，让无人值守货架得到了快速发展。

例如，猩便利便是一个典型的货架型"无人零售"案例。猩便利提供了"无人值守便利架"和"智能自助便利店"两种"无人零售"方式，为用户提供便利且即时的消费体验，如图 6-23 所示。

图 6-23 猩便利的基本功能

蚂蚁金服也看中了猩便利的零售模式，对其进行了战略投资，同时红杉资本、光速中国、华兴资本、元璟资本等资本巨头也进行了跟投。目前，猩便利已经完成了 3.8 亿元的 A1 轮融资 + 超亿元的天使轮融资。

再如，饿了么推出的 NOW 无人货架，顺丰推出的"丰 e 足食"一站式企业员工零食福利平台，这些都属于货架型"无人零售"模式。NOW 无人货架主要采用"小型货架 + 冰箱"的组合方式，销售各种食品和饮料，用户可以使用微信或支付宝扫码进行选购和结算，如图 6-24 所示。

图 6-24　NOW 无人货架

"丰 e 足食"采用"开放式货架 + 冰箱"的组合方式，同时运用大数据分析、无感支付、人工智能和云计算等技术，为用户提供智能零售服务。用户只需扫码开门、选取商品、关门自动结算即可完成购物，如图 6-25 所示。"丰 e 足食"有专人定期进行补货，保证商品供应。

另外，"丰 e 足食"还推出了占地小、耗电低的自动贩卖机，非常适合景点园区、交通枢纽、学校、政府服务机构、办公室、写字楼大堂、医院、汽车 4S 店和产业园等线下消费场景，如图 6-26 所示。

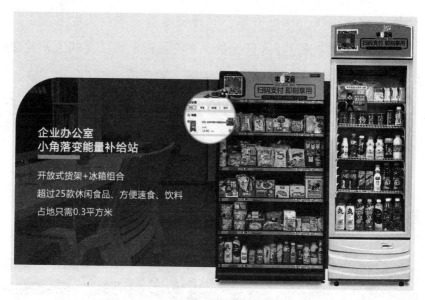

图 6-25 "丰 e 足食"智能零售终端

图 6-26 "丰 e 足食"自动贩卖机的部分消费场景

在顺丰强大的物流仓配体系和供应链支持下,"丰 e 足食"的业务已覆盖到全国 28 个主要城市,线下铺设的智能零售终端超过 5 万个,客户体量过千万。

6.2.3 盒子型：缤果盒子、云拿科技

盒子型"无人零售"模式是指通过小面积的店面进行经营的无人零售店，其典型代表有缤果盒子、云拿科技等。缤果盒子和云拿科技在前面已经进行了简单的介绍，下面以云拿科技为例，详细介绍盒子型"无人零售"模式的特点。

云拿科技主打的是 AI 视觉无人店，为用户提供"无须排队、无须等待、无人收银、拿了就走"的新型购物体验，如图 6-27 所示。

图 6-27　云拿科技的 AI 视觉无人店

1．极简的购物体验

AI 视觉无人店通过简化消费流程，创新消费体验，为用户提供了个性化、便捷、极简的购物体验，以及全渠道、多样化的营销玩法，如图 6-28 所示。

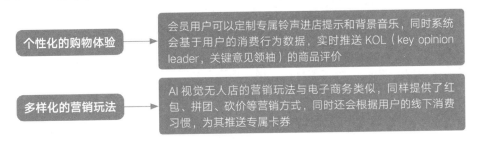

个性化的购物体验 → 会员用户可以定制专属铃声进店提示和背景音乐，同时系统会基于用户的消费行为数据，实时推送 KOL（key opinion leader，关键意见领袖）的商品评价

多样化的营销玩法 → AI 视觉无人店的营销玩法与电子商务类似，同样提供了红包、拼团、砍价等营销方式，同时还会根据用户的线下消费习惯，为其推送专属卡券

图 6-28　AI 视觉无人店的购物体验和营销玩法

2．降低人工成本

AI视觉无人店的人工智能技术可以快速完成重复机械的收银工作，帮助商家解决门店人手不足的问题，即使碰到客流高峰也能轻松应对。

这样，当商家摆脱了繁杂的收银工作后，可以做到实时补货上新，确保店内的商品库存足够多。同时，AI视觉无人店还可以为用户提供送货上门、代收包裹等更便捷的人性化服务。

另外，AI视觉无人店采用无人值守的模式，最大化地延长了门店的营业时间，能够为商家创造更多利润。

3．数字化门店运营与管理

AI视觉无人店采用3D智能化门店管理系统，让商家可以一键掌控店铺动态，时刻知晓店内的"人—货—场"的数据信息，如图6-29所示。这样，管理店铺的操作变得更加简单直接，就像是在玩一个非常有趣的虚拟经营类游戏。

图6-29　3D智能化门店管理系统

另外，商家还可以通过手机App随时随地查看订单、商品、用户消费等信息，如图6-30所示。这样，商家不用进行人工巡店，即可远程随时知晓店铺内的商品数量信息，并及时精准地进行补货，让商品管理变得更高效。

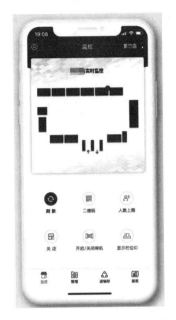

图 6-30　用 App 管理门店

6.2.4　货柜型：魔盒 CITYBOX、视达

货柜型"无人零售"模式是指通过货柜的方式进行商品的销售，典型的案例有魔盒 CITYBOX、京东到家 Go、视达等。相关数据显示，在 2016—2020 年"无人零售"市场，货柜型的自动贩售机市场规模最大，增长也很快。

其中，魔盒 CITYBOX 是一种智能货柜产品，其主营商品类型为水果生鲜，采用"先享后付"的消费模式，颠覆了传统自动贩卖机的购物模式。魔盒 CITYBOX 与无人货架的主要区别在于，它可以做到"扫码开柜门，取货后扣款"，其购物流程如图 6-31 所示。

图 6-31 魔盒 CITYBOX 的购物流程

魔盒 CITYBOX 采用了 RFID（radio frequency identification，射频识别技术）、SaaS（software as a service，软件即服务）、动态视觉识别等技术，相关介绍如下。

（1）RFID 技术：RFID 具有极高的稳定性，可以有效降低盗损率和误读率，用户只需要扫码开门，便可选购商品，关门后系统会自动识别商品并付款，平均耗时约为 8 秒。

（2）SaaS 技术：魔盒 CITYBOX 的后台系统能够同时承载百万台设备的接入，还能够实时监控所有的数据，随时修改商品价格，为用户推送个性化的促销信息，以及进行智能补货，等等。

（3）动态视觉识别技术：视觉识别系统的外观非常简洁，能够达到 96% 的识别正确率。

视达推出的 AI 智能货柜由计算机视觉识别技术打造，能够为用户带来"即拿即走"的便捷消费体验，如图 6-32 所示。

用户要购买商品，只需要在开门时选择支付方式或授权免密支付，之后就可以随意拿取商品，就像从自己家的冰箱里拿东西一样，关门后的支付也是自动完成的，同时账单明细也会同步发送至用户的手机。

第 6 章 "无人零售":让产品更贴近目标消费群

图 6-32 视达推出的 AI 智能货柜

计算机视觉识别技术能够自动识别商品和用户的取放动作,用户能看到的摄像头也都能"看到",用户不可能记住的它也都能"记住",它甚至比用户的眼睛更可靠、更聪明,如图 6-33 所示。当用户拿起商品后又后悔了时,直接放回去就可以了,无须放回原处。

如果商家不想重新购买智能货柜,在原设备上安装两个摄像头,即可让大部分的商用冷柜或常温柜实现"智能"变身,让商家能够"少花钱、多赚钱",如图 6-34 所示。

图 6-33 计算机视觉识别技术

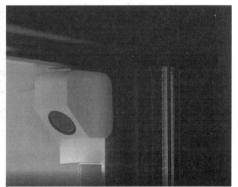

图 6-34 在普通货柜上安装摄像头

视达 AI 智能货柜可以应用到写字楼、商场、电影院、医院、便利店、地铁和飞机场等多个场景中,吸引更多用户主动购买,这可能带来更高的销售业绩。商家可以通过后台运营管理平台和运维 App 更及时地为智能货柜进行补货和管理订单，还可以为用户推送个性化广告进行精准营销。

6.2.5 自助社区店模式：觅橱科技

自助社区店是一种以社区为中心的"无人零售"模式，主要集中在生鲜和快消品等商品类目，如新鲜蔬菜、时令水果、肉禽蛋品、美食甜点、酒水饮料、奶制饮品、清洁用品、卫生纸品、休闲零食、米面粮油等。

例如，觅橱科技是一家专门从事新零售系统研发的高新技术企业，其产品包括重量识别售货机、自提自售一体机、生鲜自提柜、无人售货柜系统、社群拼团系统、直播带货系统等。

图 6-35 所示为觅橱科技的共享蔬菜店。这种社区共享蔬菜店的操作也非常简单，用户只需通过扫码开门、自助选购、关门结算三步，即可完成商品的购买。

图 6-35 觅橱科技的共享蔬菜店

对于社区用户来说，有了这种自助社区店，可以很好地满足买菜的需求。

第 7 章

无人机：开启空中机器人竞争的新跑道

无人机是无人驾驶飞机的简称，是一种不载人飞机，主要通过无线电遥控设备和智能程序控制其飞行方式。本章主要介绍无人机的行业发展、常见种类和应用领域，帮助大家了解无人机的前世今生。

7.1 无人机的行业发展

无人机（unmanned aerial vehicle）具有体积小、造价低、使用方便等优点，除了用于战争，还广泛用于生活和生产领域。与其他各种智能机器人一样，无人机也非常聪明，能够自动化运作，从而将驾驶员与飞机之间的连接打破，并可产生真正的经济潜能。

7.1.1 无人机的种类

随着无人机技术的发展，各种样式的无人机进入了人们的视野。下面根据无人机的平台构型、用途、尺度、活动半径和任务高度等角度对其进行分类，让刚接触无人机的新手对其有个大概的认识。

❏ 从平台构型的角度，无人机可以分为以下五类，如图 7-1 所示。

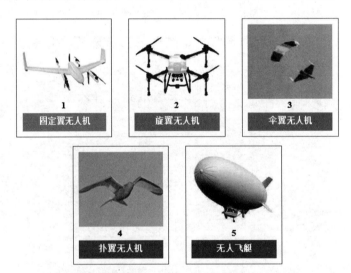

图 7-1　按平台构型分类

❏ 从用途的角度进行分类，无人机可以分为军用无人机和民用无人机，如图 7-2 所示。其中，民用无人机又可以分为消费级和工业级两类。

第 7 章 无人机：开启空中机器人竞争的新跑道

图 7-2 按用途分类

❑ 从尺度的角度，无人机可以分为以下四类，如图 7-3 所示。

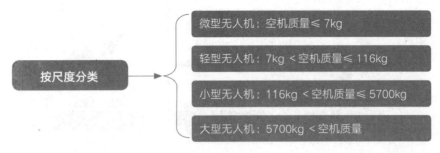

图 7-3　按尺度分类

- 从活动半径的角度，无人机可以分为以下五类，如图 7-4 所示。

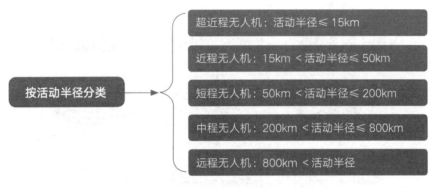

图 7-4　按活动半径分类

专家提醒

由地面上的某个位置沿预定的飞行剖面到达某一空域，地面至该空域的水平距离就是活动半径，也就是活动范围的意思。无人机的活动半径越大，用途越广。

- 从任务高度的角度，无人机可以分为以下五类，如图 7-5 所示。

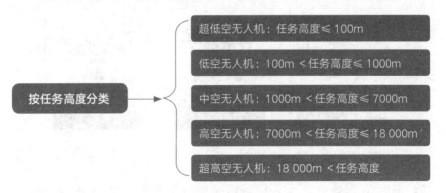

图 7-5　按任务高度分类

7.1.2 无人机的发展历程

大家听到"无人机"这个词,可能会把它和军事战争联系在一起,无人机技术在第二次世界大战后期得到了飞速的发展。以前的无人机专门用来侦探敌方军情,进行空中监测,而现代的无人机应用领域更广,不仅仅限于军事领域,还包括很多其他领域,它还是航拍爱好者最喜欢的设备。

在很早以前,没有无人机时,航模爱好者们都是自己亲手制作无人机,用于摄影和航拍。现在深圳市大疆创新科技有限公司开发了很多小巧、轻便、易携带的无人机,这也是无人机迅速火起来的原因。图 7-6 所示为大疆 Air 2S 航拍无人机。

图 7-6 大疆 Air 2S 航拍无人机

下面以图解的形式简单介绍无人机的发展史,如图 7-7 所示。

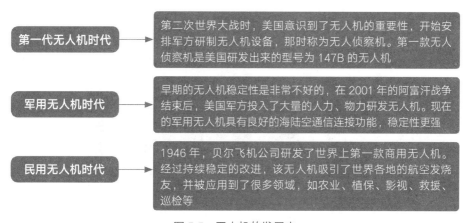

图 7-7 无人机的发展史

7.1.3 无人机的市场和趋势分析

前瞻产业研究院发布的数据显示，2025年国内的民用无人机产品销售和服务总体市场规模将达到750亿元，如图7-8所示。

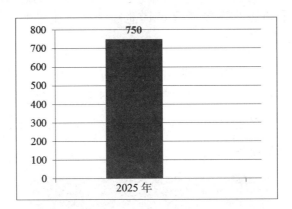

图7-8　国内的民用无人机产品销售和服务总体市场规模（单位：亿元）

企查查发布的相关数据显示，我国的无人机相关企业目前已经达到了5.5万家，同时这个数量还在逐步增长中，而且行业市场规模也在不断扩大。从2018年开始，新注册的无人机相关企业数量达到了1万家，同时连续3年都突破了1万家，如图7-9所示。

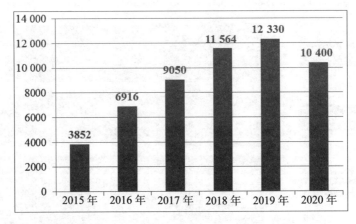

图7-9　无人机相关企业注册量（单位：家）

另外，在企业规模方面，有 42% 的无人机相关企业注册资本都在 500 万元以上，企业规模还是比较大的，具体情况如图 7-10 所示。

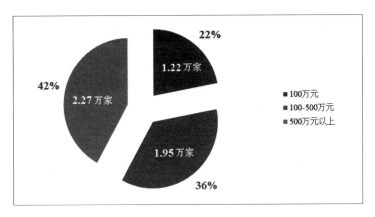

图 7-10　无人机相关企业注册资本分布

在应用领域方面，未来的无人机会出现在更多的场景中，在快递、零售、旅游、体育和媒体等行业将会看到无人机的身影。

科学技术的高速发展也将促进无人机技术的迭代升级。作为通用航空业的发展趋势，无人机将成为未来经济增长的新动力，甚至会和手机一样成为人们生活中的标配。无人机未来的五大发展趋势如图 7-11 所示。

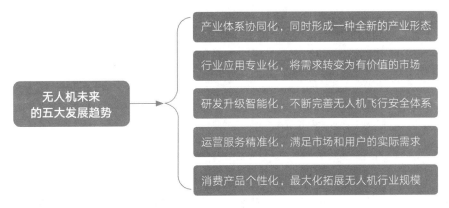

图 7-11　无人机未来的五大发展趋势

7.2 无人机的十大常见种类

如今,无人机技术和市场持续发展,其应用领域逐渐从军用领域发展到民用领域,同时衍生出各种各样的机型。同时,从无人机的分类中也可以看到,无人机的种类繁多,而且不同的机型都有较大差异。

本节将介绍无人机的十大常见种类,其中前七类为军用无人机,后三类为民用无人机。

7.2.1 "密码"无人机

"密码"无人机是一种小型无人机,其外形类似面包圈,内置了光学照相机和各种传感器,具有提供战场实时信息的军事功能,如图7-12所示。在性能方面,"密码"无人机能够飞到2.5 km左右的高度,活动半径为30 km。

图7-12 "密码"无人机

7.2.2 多功能无人机

多功能无人机具有强大的军事功能,包括战略侦察、监视、目标截获、校射、空中支援、战果评估、反潜战、通信中继、大气监测、对地攻击、边防巡逻等。图7-13所示为美国波音公司研制的"秃鹰"无人机,其可以达到 148 km/h 的巡航速度,以及 27.36 km 的最大升限。

图 7-13 "秃鹰"无人机

7.2.3 长时留空无人机

长时留空无人机可以长时间滞留在空中,能够长久地监视目标。图 7-14 所示为彩虹 -5 无人机,巡航高度为 2～7 km,最大升限为 8.3 km,最大续航时间为 35 h,具备侦察监视和多任务载荷集成能力。目前,续航时间最长的无人机可达 1 年左右,能够连续不断地侦察和监视目标。

图 7-14 彩虹 -5 无人机

7.2.4 空战无人机

空战无人机具有非常不错的侦察和打击功能,同时有较强的滞空能力和较长的巡航时间,通常具有武器外挂点装置,能够搭载小型导弹。

图 7-15 所示为攻击 -11 无人机，其外形比较光滑，不仅能够侦察战场上的各种情况，而且有 6 个武器外挂点，可搭载 12 枚小型导弹，有较强的打击能力。

图 7-15　攻击 -11 无人机

7.2.5　预警无人机

预警无人机上装有红外等多种传感器，相当于一个活动的雷达站，不仅拥有较强的生存能力，而且费效比低，其功能包括预警、指挥、控制和通信等。预警无人机平时可作为空中指挥中心使用，能够执行空地监视、目标指示等任务，在战斗过程中还可以增加预警距离，能够有效地指挥三军作战。

7.2.6　隐身无人机

隐身无人机通常装载了全向雷达和红外等设备，而且采用了外形隐身技术，具有优良的"隐身"性能，战场生存能力极强。例如，美国推出的 X-47B 无人机，是一架完全由计算机操控的隐身无人机，配备了两个武器弹仓，可以执行隐身作战任务，如图 7-16 所示。

图 7-16　X-47B 无人机

7.2.7　微型无人机

微型无人机的长度通常不超过 2 m，重量也只有寥寥数千克，可通过单兵发射筒起飞。小一点儿的微型无人机翼展仅 0.15 m，其发动机仅有纽扣大小，可用于执行更隐蔽的侦察任务。

例如，"天球"无人机的重量为 9 kg 左右，留空时长可达 2.5 h，发射与回收所占的面积也比较小，能够适用于各种复杂的地形。

7.2.8　固定翼飞机

固定翼飞机飞行的动力主要来源于推进系统，其动力装置通常包括前拉式螺旋桨或者后推式螺旋桨等，如图 7-17 所示。

前拉式螺旋桨

后推式螺旋桨

图 7-17　固定翼飞机

固定翼飞机的主要优点是有较长的续航时间,而且飞行速度也比较快;不足之处在于需要跑道辅助起飞,不能垂直起降。

7.2.9 单旋翼直升机

单旋翼直升机与传统的直升机原理非常相似,其上升的动力主要来源于顶部的大型螺旋桨,同时尾部还有一个小型螺旋桨来调节航向,另外还有三个舵机来实现机身向前后左右等方向飞行,如图 7-18 所示。

图 7-18　单旋翼直升机

单旋翼直升机的主要优势在于可以垂直起飞和降落,还能够在空中悬停。单旋翼直升机的不足之处在于比较耗电,因此续航时间有限。而且由于单旋翼直升机的机械结构较为复杂,因此操控难度比较大,同时飞行速度也比较慢。

7.2.10 多旋翼直升机

多旋翼直升机的螺旋桨比较多,通常有 3～6 个或者更多,其通过这些螺旋桨的高速旋转拉升机体,并通过改变不同螺旋桨的转速实现向前后左右飞行。其中,四旋翼直升机是目前最常见的多旋翼直升机,如图 7-19 所示。

图 7-19　四旋翼直升机

多旋翼直升机的结构比较简单，操作非常灵活，其主要优势在于可以进行垂直起降，而且也可以实现长时间的空中悬停。多旋翼直升机的不足之处是续航时间短、飞行速度慢。

7.3　民用无人机的应用领域

在实际应用方面，民用无人机作为一种生产工具，主要用途包括航拍摄影、警用安防、工业应用、应急救援以及农业应用等，本节将分别进行介绍。

7.3.1　航拍摄影

无人机能够飞得很高，从而获得非常广阔的视野，看到人眼看不到的风景，因此"无人机＋相机"成为航拍摄影的最佳组合。

大疆是目前世界范围内航拍平台的"佼佼者"，先后研发了不同的无人机系列，如大疆的精灵系列（Phantom）、御系列（Mavic）以及悟系列（Inspire），都十分受航拍爱好者的青睐。

例如，大疆的精灵系列（Phantom）是一款便携式的四旋翼无人机，引发了航拍领域的重大变革。这是一款入门级的无人机,专门针对航拍初级爱好者,在机型设计上非常简单。用户购买后只需要进行简单的组合安装,就可以进行航拍了。图 7-20 所示为大疆精灵 4 无人机。

图 7-20　大疆精灵 4 无人机

大疆精灵系列包括大疆精灵 1、大疆精灵 2、大疆精灵 3、大疆精灵 4,下面以图解的形式对各型号进行简单介绍,如图 7-21 所示。

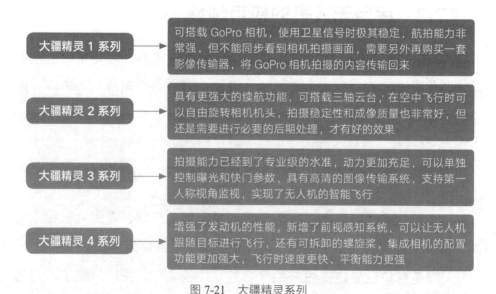

图 7-21　大疆精灵系列

大疆的御系列与精灵系列完全不一样,御系列主打轻便、易携带的特点,起飞前和降落后,用户都可用一只手轻松拿起无人机,摄影爱好者出去旅游时，携带也特别方便，不笨重，不耗体力。Mavic Pro 还能够拍摄 4K 分辨率的视频，并配备地标领航系统，具有更强大的续航能力。图 7-22 所示为大疆御 Mavic 2 系列无人机。

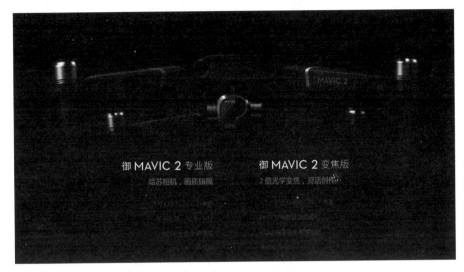

图 7-22　御 Mavic 2 系列无人机

下面以图解的形式介绍大疆御系列的特点，如图 7-23 所示。

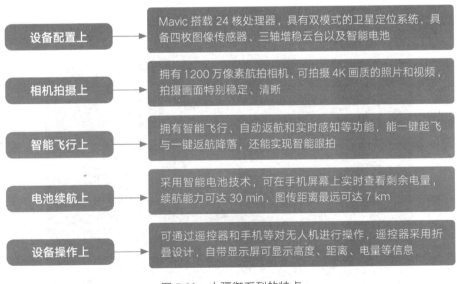

设备配置上	Mavic 搭载 24 核处理器，具有双模式的卫星定位系统，具备四枚图像传感器、三轴增稳云台以及智能电池
相机拍摄上	拥有 1200 万像素航拍相机，可拍摄 4K 画质的照片和视频，拍摄画面特别稳定、清晰
智能飞行上	拥有智能飞行、自动返航和实时感知等功能，能一键起飞与一键返航降落，还能实现智能跟拍
电池续航上	采用智能电池技术，可在手机屏幕上实时查看剩余电量，续航能力可达 30 min，图传距离最远可达 7 km
设备操作上	可通过遥控器和手机等对无人机进行操作，遥控器采用折叠设计，自带显示屏可显示高度、距离、电量等信息

图 7-23　大疆御系列的特点

7.3.2 警用安防

在警用安防方面，无人机具有边防管控、反恐维稳、交通管理、城市管理以及刑事侦查等功能。

（1）边防管控：无人机具有情报收集、巡逻监控、站岗瞭望、协助救援、支援物资、保障安全等功能。例如，利用无人机可以为在高山老林中执行任务的部队输送物资，提高物资输送效率。

（2）反恐维稳：无人机可用于执行侦察监控、群体事件管控、大型活动安保、搜捕和救援等任务。例如，无人机可以低空拍摄，获取犯罪分子的信息资料，并配合警方进行精确迅速的抓捕行动。

（3）交通管理：无人机可以执行路况监测、交通规划等任务，而且其环境适应能力非常强，能够执行各种高危险性的交通管理任务。

（4）城市管理：无人机在城市管理中的应用范围包括查处违建、规划测量、环境保护、市容环卫以及市政设施等，能够有效提升城市管理和服务水平。图 7-24 所示为使用无人机巡查城市中的桥梁公共设施，确保其安全、正常、合理使用。

图 7-24 使用无人机巡查城市中的桥梁公共设施

(5)刑事侦查：无人机在刑事侦查中的应用范围包括现场勘查、行动部署、侦查取证、实时监控、跟踪布控、协助抓捕等，能够为警方提供立体和直观的现场图像和视频信息，有助于案件的分析研判。

7.3.3 工业应用

在工业应用方面，无人机具有物流投送、林业监管、照明、生产建设现场监管、电力巡检、环境保护、基础设施巡检、航空测绘等功能。

(1)物流投送：无人化的配送场景非常多，如投送外卖、货物、应急物资等，如图 7-25 所示。

图 7-25 使用无人机运送物资

(2)林业监管：无人机能够对广阔的森林进行巡护监控，可有效进行预防病虫害等森林防治工作。

(3)照明：无人机可以搭载高亮度的照明设备完成一些低空照明任务，如夜间侦查巡逻，照亮广告牌、工作场地、演出场地或休闲场地等，如图 7-26 所示。

图 7-26 使用无人机照明

（4）生产建设现场监管：使用无人机可以完成海上平台巡检、太阳能光伏板巡检、建筑现场监管、矿山现场监管、油气管道和石化产区巡检等比较危险的任务。

（5）电力巡检：无人机能够实现线路巡检、线路架设、线路规划等功能，巡检速度快、效率高。

（6）环境保护：无人机可用于环境监测、水体监测、大气污染监测等领域。

（7）基础设施巡检：无人机可以对桥梁和高层建筑等工业设施进行科学检测，不仅节省费用，而且更加安全可靠。

（8）航空测绘：无人机可用于航线规划、海岛测绘、高危地区探测、建设勘测、国土资源调查等方面，提高作业效率。

7.3.4 应急救援

在应急救援方面，无人机可用于灾害救援、森林消防和城市消防等方面，可最大限度地减少经济损失。

（1）灾害救援：无人机可用于灾情侦查、监控追踪、辅助救援以及辅助监督等任务，不仅可以帮助救援人员及时掌握瞬息万变的事故现场信息，还可以参与救援，运送救援物资，如图7-27所示。

图7-27　使用无人机运送救援物资

（2）森林消防：无人机可进行森林日常巡护，防止出现火灾，同时在面对森林火灾时，无人机还可以进行火情监控和辅助救援等应急工作。

（3）城市消防：搭载声光吊舱的无人机可以执行火场侦察、抛投灭火弹、投送救援物资等任务，同时还可以搭载应急广播模块辅助完成火灾下的人员疏散工作。

7.3.5　农业应用

在农业应用方面，无人机可用于农田灌溉、农田信息监测、农作物播种、农业保险勘察、农田药物喷洒和施肥等方面，提高农业生产的效率和安全性。

例如，喷药播撒无人机可用于梯田、水稻田、玉米地、果树、山坡等场景，还具有全自动航线飞行、全自主 AB 点航线作业、手机打点仪测绘以及电子围栏等功能，操作简单、便捷，如图 7-28 所示。

图 7-28　喷药播撒无人机

> **专家提醒**
>
> 喷药播撒无人机还具有断点续喷功能，当无人机工作时遇到农药喷完的情况，会自动对当前断药点进行记录，重新加载农药后，将返回此断药点继续喷洒。

第 8 章

无人驾驶：让汽车自主行驶成为可能

无人驾驶是一种自动化的汽车驾驶技术，被称为轮式移动机器人。如今，无人驾驶技术不仅在人们的出行上发挥着重要的作用，而且行业也已经开始实现商业化，同时形成了产业热点，前景非常可观。

8.1 深度解析无人驾驶汽车产业

汽车的自动驾驶技术从最初的"人机"共同控制的辅助驾驶技术开始，发展为如今的完全由机器控制的无人驾驶技术。

本节将从无人驾驶的概念谈起，涉及无人驾驶的关键技术，以及产业背后监管的重要性。

8.1.1 无人驾驶汽车的定义

与传统的由人主动驾驶汽车的操作方式不同，无人驾驶汽车（self-driving car）利用各种协同合作的智能化自动驾驶技术，通过计算机和机器来操控汽车自动行驶，带来安全和高效的出行体验。

1．自动驾驶技术的升级

在自动驾驶技术的发展过程中，汽车驾驶逐步摆脱了人为的控制，同时安全性不断提高，其升级过程为被动安全→主动安全→预防性安全。图8-1所示为自动驾驶技术的升级过程图。

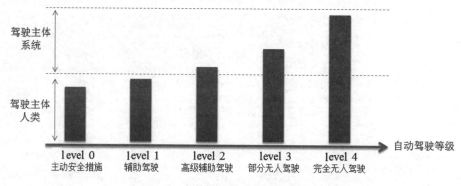

图8-1 自动驾驶技术的升级过程图

亿欧智库发布的数据显示，到2025年以后才能实现完全无人驾驶的商业化，目前仍然以 ADAS（advanced driver assistant system，高级驾驶辅助系统）技术为主。

例如，蔚来发布的 NIO Pilot 系统就是一种 level 2 级别的自动辅助驾驶系统，同时在车辆中完美融合了自动驾驶的感知硬件，从地图定位到感知算法，从底层系统到控制策略，拥有全栈自动驾驶技术，如图 8-2 所示。

图 8-2 蔚来的自动辅助驾驶系统

2．真正的无人驾驶汽车

随着无人驾驶技术的不断发展，各大汽车企业都在积极研发无人驾驶汽车。国外的相关数据显示，全球无人驾驶汽车销量在 2035 年将达到 2100 万辆左右，国内的无人驾驶汽车销量也将超过 500 万辆，达到 24% 左右的市场份额，整体市场前景比较可观。

早在 2011 年 7 月，由国防科技大学研发的红旗 HQ3 无人车就有上路行驶的记录，这标志着自主国产品牌轿车在无人驾驶领域获得重大突破。

百度也早在 2015 年下半年推出了无人驾驶汽车——baidu nomancar，其核心技术是"百度汽车大脑"，为自动驾驶的智能决策提供依据。2018 年 2 月，百度正式推出 Apollo 无人车，目前已实现规模化落地，如

图 8-3 所示。

图 8-3　百度 Apollo 无人车

包含自动驾驶设备的 Apollo 无人车整备质量为 2015kg，具备快速充电能力和 L4 级别的自动驾驶能力。同时，百度 Apollo 还围绕无人驾驶推出了一系列行业解决方案，如自动驾驶解决方案、智能交通解决方案、车联网解决方案等，助力实现汽车的智能化升级，以及无人驾驶汽车的多场景应用落地。

无人驾驶汽车的商业化落地是循序渐进的，2019 年百度的无人车已经在部分城市实现了商业化的试运营，另外很多无人驾驶的小巴车也已经在公园和相对封闭的环境内落地。未来，可以预见，无人驾驶汽车将成为大众级消费品。

8.1.2　无人驾驶汽车的关键技术

从功能模块上来看，无人驾驶的关键技术包括四个部分：定位导航技术、环境感知技术、规划决策技术、自动控制技术，下面分别进行介绍。

1．定位导航技术

定位技术主要用于确定汽车所在的位置，与环境是相对的，包括相对定位（如陀螺仪、里程计）、绝对定位（如北斗卫星导航系统）和组合定位等方式。导航技术则主要用来确认行驶的速度、方向、路径等信息。

也就是说，定位技术+导航技术能够让汽车在正确的道路上行驶。

例如，百度地图就是一种运用定位导航技术的车载高精度地图，能够帮助无人驾驶汽车实现导航和路径规划等功能，如图8-4所示。

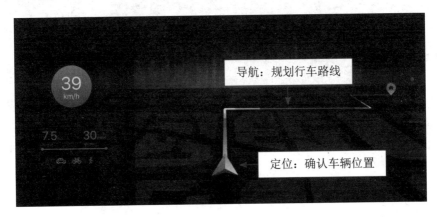

图8-4　百度地图的定位导航功能

2．环境感知技术

环境感知技术主要利用摄像头、激光雷达、超声波雷达、毫米波雷达、GPS（global positioning system，全球定位系统）、陀螺仪等传感器捕获环境信息，这些传感器就像汽车的"眼睛"，能够实时感知车辆自身状态信息和周边环境情况。

图8-5所示为百度Apollo无人驾驶汽车的传感器方案。其中，OBU（on board unit）是车载单元的意思，是一种微波装置，用于实现车辆身份的识别；cameras是摄像头或相机，用于确定车辆周边环境；LIDAR是激光雷达，用于测距，帮助车辆提前规划行驶路线。

3．规划决策技术

规划决策技术相当于汽车的"大脑"，赋予汽车自动驾驶的能力。规划决策技术主要用于帮助无人驾驶汽车规划路线和进行决策控制，能够控制汽车前行、跟车、换道或停车，以及提供最优的行车路径。

图 8-5 百度 Apollo 无人驾驶汽车的传感器方案

图 8-6 所示为百度 Apollo 无人驾驶汽车的自动驾驶能力，包括无保护左转、车流中择机变道、复杂路口通过、站点停靠、窄路通行以及雨水／烟雾／绿植过滤等。

图 8-6 百度 Apollo 无人驾驶汽车的自动驾驶能力

例如，在面对无保护左转场景时，即没有交通信号灯或停车标识引导的左转行为，即使是人为操作汽车也很难应对这种场景。百度的 Apollo 无人驾驶汽车却可以解决这个难题，其可规划车辆路线、定位车道、预测其他车辆，同时在车载传感器的帮助下扫描车辆之间的间隙，从而做出最佳的决策。

4．自动控制技术

自动控制技术主要运用于确保车辆行驶时的准确性和平顺性，包括对转向、驱动和制动等系统的控制，从而实现转弯、变道、加速、刹车、泊车等行为。图8-7所示为百度Apollo无人驾驶汽车的自主泊车功能，实现"最后一千米"的自由。

图8-7　百度Apollo无人驾驶汽车的自主泊车功能

8.1.3　无人驾驶汽车面市需解决监管体系问题

无人驾驶汽车基本都是采用新能源的动力方式，不仅提高了交通效率，而且更加环保节能。目前，无人驾驶的市场正处于过渡阶段，大众对无人驾驶仍然充满期望，但同时也对其安全性产生担忧。

人们对无人驾驶的担忧并不是空穴来风，不要说无人驾驶了，就目前的ADAS来看，其安全性问题也比较突出。例如，2021年的特斯拉"刹车门"事件就在网上闹得沸沸扬扬，车主反映其驾驶的Model 3在行驶过程中制动突然失灵且无故自动加速，同时紧急制动功能也失去作用。

据悉，Model 3采用了Autopilot自动辅助驾驶系统，具备前置、侧方和车尾摄像头，以及前置雷达超声波传感器等智能感知设备，能够帮助车主应对枯燥重复的操作环节，从而更好地享受驾驶乐趣，如图8-8所示。

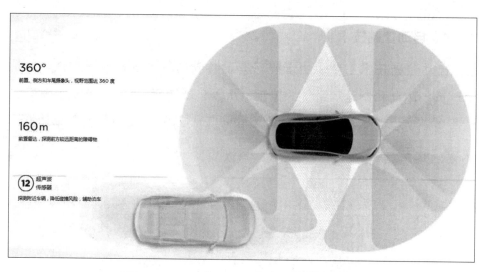

图 8-8　Model 3 的 Autopilot 自动辅助驾驶系统

除了这种自动辅助驾驶系统本身的风险外，高度智能化的无人驾驶汽车还面临黑客入侵的风险。例如，黑客可以通过网络入侵企业或汽车的内部网，对车辆传感器进行不当干扰。

另外，无人驾驶车辆中的传感器对于环境状况的理解也不是百分之百的完整，因此也存在导致安全事故的可能性。由无人驾驶车辆产生的事故，其责任很自然地会转移到车企身上。为了规避法律责任，这些车企可能会出于安全考虑，对汽车的能力进行限制，从而导致某些无人驾驶技术无法充分地投入使用。

其实，无人驾驶汽车能否真正实现市场规模化，技术成熟度并不是关键因素，社会接受度与完善的监管政策才是根本的决定因素。可以说，无人驾驶汽车的出现,让道路交通监管中的法律关系产生颠覆性的改变。因此，不仅相关企业需要重视无人驾驶汽车的安全性问题，相关的监管体系也必须跟上。

8.2　无人驾驶未来的三种商业模式

未来，当无人驾驶的技术成熟并实现市场落地后，企业可以通过"卖产品"或"卖服务"两种形式实现商业化。不过，针对不同的应用场景，商业模式也会有所不同，本节将进行具体分析。

8.2.1 场景一：B2C

B2C（business to consumer，商对客电子商务模式）是一种纯粹面向C端消费者的商业模式，主要应用在"私人驾驶"场景中。

例如，对于有严重视力问题或身体缺陷的人群来说，他们无法驾驶普通的汽车，此时企业可以给他们提供无人驾驶车辆的出租或出售服务。同时，这种商业模式还可以解决停车位问题，减少购车数量。

例如，百度推出的 Apollo Go 自动驾驶出行服务已经在长沙、沧州、北京等多个城市实现落地运营，如图 8-9 所示。同时，很多用户对 Apollo Go 也提出了自己的畅想，如"我希望以后盲人朋友也可以买一辆无人驾驶汽车""我希望未来我通勤的时间可以用来睡觉"等。

长沙
- 为热门景观赋予全新的科技热点
- 通过快速路连接多个运营区域

沧州
- 发布自动驾驶文旅专线
- 推出高铁站自动驾驶接驳服务

北京
- 对外开放 Robotaxi
- 百度联合首汽约车在北京网约车平台发布自动驾驶服务

图 8-9　Apollo Go 自动驾驶部分城市出行服务

> **专家提醒**
>
> Apollo Robotaxi 是百度推出的自动驾驶出租车服务，目前已经获得了政府颁发的可载人测试牌照，并已经开放测试路段试运营。

8.2.2 场景二：B2B2B

B2B2B（business to business to business，生产商—渠道商—企业客户）这种模式将普通消费者排除在外，通过产业链条紧密连接各企业，能够更好地优化经济活动，为客户提供更好的服务。

B2B2B 的无人驾驶商业模式主要应用于相对封闭、路况不复杂的场景，如在高速路段的行驶过程中，可以由驾驶系统掌控货车或卡车等车辆的行驶。例如，图森未来自主研发了以摄像头为主传感器，融合激光雷达、毫米波雷达的 L4 级无人驾驶卡车解决方案，同时打造了无人驾驶货运网络，为托运人、承运人或车队等企业类客户提供了改变行业规则的无人驾驶货运服务，如图 8-10 所示。

图 8-10 图森未来的无人驾驶卡车

8.2.3 场景三：B2B2C

前面已经介绍过 B2B2C 商业模式，在无人驾驶中，中间的 B 端有所不同，主要是指共享模式下的车辆运营商给 C 端消费者提供无人驾驶车辆的出租或出售服务。例如，百度与盼达用车联合推出了搭载 Valet Parking 的自动驾驶共享汽车，目前已经开始试运营，为用户提供分时租赁服务，如图 8-11 所示。

图 8-11　自动驾驶共享汽车

8.3　无人驾驶的八种技术应用场景

无人驾驶技术的快速发展吸引了很多资本的加入，同时也促进了各种无人车的落地量产和商业化进程。本节将和大家分享无人驾驶的落地应用情况，相信其应用场景将会越来越成熟，市场也将进一步得到扩大。

8.3.1　自动驾驶汽车

在乘用车领域，各大车企都在不遗余力地开发自动驾驶汽车，包括吉利、长安、长城、上汽、一汽、广汽等都建立了自己的出行公司，布局未来的自动驾驶汽车应用场景。例如，吉利推出了无人驾驶电动SUV——几何C，该车搭载了吉利自主研发的"智感循迹无人驾驶系统"，可以收集并学习驾驶者的使用习惯，以提升性能和便利性，如图 8-12 所示。

图 8-12　吉利几何 C

又如，长城推出了搭载"i-Pilot 智慧领航"自动驾驶系统的 WEY VV7 车型，这是一个开放的可扩展自动驾驶系统，能够引导车辆安全驾驶，如图 8-13 所示。

图 8-13　长城 WEY VV7

再如，北汽推出的极狐阿尔法 S 搭载了高阶自动驾驶系统，采用 3 个激光雷达、9 个 ADAS 摄像头、12 个超声波雷达、6 个毫米波雷达、4 个环视摄像头、400/800TOPS（tera operations per second，处理器运算能力单位）中央超算处理器以及超级全栈算法，能够完美应对城区各路段及高速公路，如图 8-14 所示。

图 8-14 北汽极狐阿尔法 S

8.3.2 无人驾驶出租车

在出租车应用场景中，无人驾驶可以代替司机为用户提供自动化的出租车服务。未来，用户在路上只要招手拦车，无人车就会自动停到跟前并打开车门，用户上车后只需要语音报出目的地，即可自动到达目的地。

目前，百度、滴滴、文远知行、北汽新能源、Waymo、Uber、长安等企业都在无人驾驶出租车领域深耕。例如，文远知行 WeRide 拥有 L4 级自动驾驶技术，为大众提供更加安全、高效、经济的智能出行服务，目前已在广州实现常态化运营，如图 8-15 所示。

图 8-15 文远知行 WeRide 无人驾驶出租车

再如，2021年5月，滴滴公司与广汽埃安进行合作探讨，宣布将共同研发全无人驾驶车，加快无人驾驶车型的落地。广汽埃安的AION Y车型采用ADiGO 2.0自动驾驶系统，拥有20项智能驾驶辅助功能，如图8-16所示。

图8-16 广汽埃安AION Y

8.3.3 低速无人物流车

如今，物流行业中涌现出了大量的低速无人物流车，在无人驾驶技术的帮助下，能够实现"无人化"的装卸、运输、仓储等基本功能，促进行业的降本增效和革新升级。在国内，一汽、东风、重汽等车企，西井科技、百度等科技企业，都纷纷推出了无人驾驶的车型，布局物流领域的无人驾驶应用。

例如，西井科技推出的Q-Truck全时无人驾驶电动重卡，从六大技术层面实现了特定场景的无人驾驶应用，具体包括高精度地图构建、车辆运动控制、环境辨识、车辆定位、局部路径规划、车辆及运行数据管理平台等技术，如图8-17所示，业务已从港区扩展至矿区。

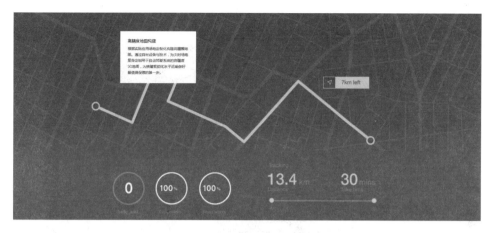

图 8-17　Q-Truck 的无人驾驶技术

再如，百度与新石器公司联合发布了新石器 AX1，这是一台 L4 级的量产无人驾驶物流车，采用自主研发的 NeoWise 自动驾驶计算平台，具有 96T 算力、高速连接、模块化系统设计等功能，已经在多地开始试运营，如图 8-18 所示。

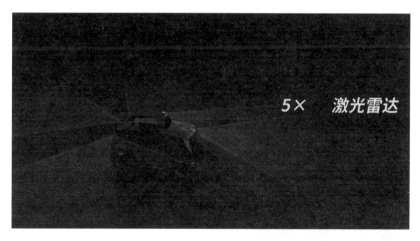

图 8-18　新石器 AX1 无人驾驶物流车

另外，百度还推出了 Apollo 无人物流车，该车具备 L4 级自动驾驶技术，能够保障车辆行驶过程中的安全稳定，适合外卖送餐、快递寄取等场景，如图 8-19 所示。Apollo 无人物流车的行驶速度并不快，招手即停，可以投放到公园等地作为一个移动的无人货柜，为游客提供无人售卖服务。

图 8-19　百度 Apollo 无人物流车

同时，百度 Apollo 无人物流车还具有出入泊车位、站点直达、站点停靠、正常行驶、跟车行驶、避障行车、低矮障碍物识别、通过路口等功能，如图 8-20 所示。同时，这些无人物流车可全天候不间断地工作，大幅度提升了物流运载量。

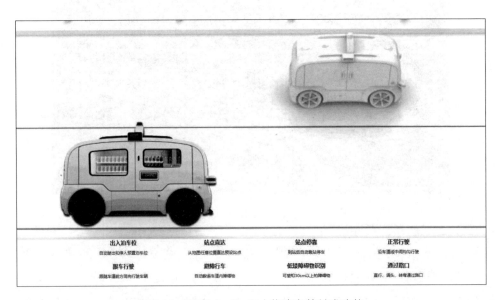

图 8-20　百度 Apollo 无人物流车的基本功能

8.3.4 无人配送车

无人配送车与无人物流车的应用场景比较类似，多出现在园区、社区、仓库、生产车间、酒店、餐馆、校园、图书馆等比较封闭的环境中，而且速度比较慢。

例如，白犀牛与永辉超市联合推出的零售无人配送车，采用感知算法、决策控制和定位地图等无人驾驶技术，如图 8-21 所示。拣货员装货后，车辆自动出发，遇到行人等障碍时会紧急刹车避险并绕行，而且可以识别红绿灯和闸机抬杆。

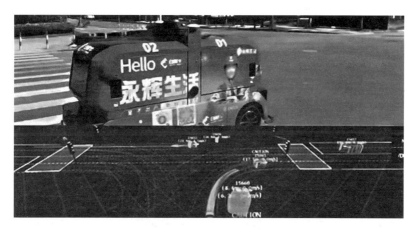

图 8-21　白犀牛零售无人配送车

在电子商务配送领域也有很多企业开启了无人配送车的研发。例如，阿里巴巴自主研发的"小蛮驴"无人配送车，运用了达摩院的人工智能和自动驾驶技术，自动驾驶率达 99.9999%，专注于电子商务末端市场的物流配送服务，如图 8-22 所示。

又如，美团推出的无人配送开放平台发布了"小袋""赛格威""优地"等配送机器人，实现无人配送的应用和落地，如图 8-23 所示。同时，美团还打造了智能调度中心，能够在最短时间内给出最优配送方案，让无人配送更加智能、高效。

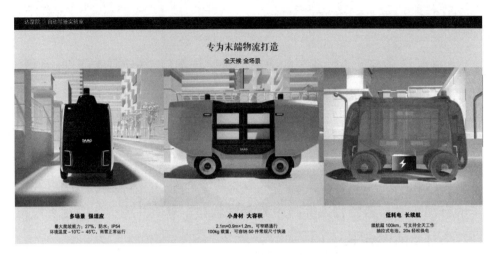

图 8-22 "小蛮驴"无人配送车

图 8-23 美团无人配送车

再如，智行者推出的"蜗必达"无人驾驶物流配送车采用智行者自主研发的 AVOS 操作系统和 AVCU 整车控制器，搭载了双激光雷达、摄像头、RTK（real-time kinematic，实时动态）差分定位、超声波雷达、惯性导航、碰撞传感器等设备，能够自主完成物资转运和配送等工作，如图 8-24 所示。

图 8-24 "蜗必达"无人驾驶物流配送车

"蜗必达"无人驾驶物流配送车的单次载重量可达 100 kg，日均派单量能够达到 100 多次，目前主要为小区或园区提供无人配送服务。

8.3.5 环境卫生服务无人车

环境卫生服务业属于劳动密集型产业，该行业存在诸多痛点，如劳动强度大、成本高、效率低、质量差、管理难、风险大等。在环境卫生服务领域中运用无人驾驶技术，如无人驾驶清扫车、无人驾驶环卫车、无人驾驶扫地车、垃圾清运无人车等，可以极大地提升工作效率和安全性，同时实现精细化的运营管理，降低综合成本，让环卫清洁变得更智能。

例如，于万智驾推出的无人驾驶智能扫路机和无人驾驶智能洗扫车等产品，集成了云控平台、感知融合、决策规划、控制执行、地图定位等技术，提供了环境卫生智能化整体解决方案，如图 8-25 所示。

又如，智行者发布的"蜗小白"无人驾驶清扫车搭载 AVCU 硬件和 AVOS 软件系统，同时集激光雷达、摄像头、超声波雷达等传感器于一体，能够实现无人自主作业，如图 8-26 所示。"蜗小白"清扫车可以脱离人工操作，自主在路面完成清扫、洒水、垃圾收集等工作。

图8-25 于万智驾的环卫无人驾驶产品

图8-26 "蜗小白"无人驾驶清扫车

再如，酷哇推出的无人驾驶扫地车搭载了CO-MOVE PRO智能驾驶系统，集成了车路协同、高精地图、特征驱动、轨迹规划等技术，目前已经在长沙、成都、芜湖、珠海、天津等多个城市落地，如图8-27所示。

酷哇研制的轨迹规划技术配合CO-MOVE PRO智能驾驶系统、深度学习系统和Dynamic MODAT（动态模态）算法，能够对动态场景进行感知、分析及理解，较好地规划行进轨迹，同时可以预测其未来时间窗口的可能行进轨迹，从而有效提高作业效率，如图 8-28 所示。

图 8-27 酷哇无人驾驶扫地车

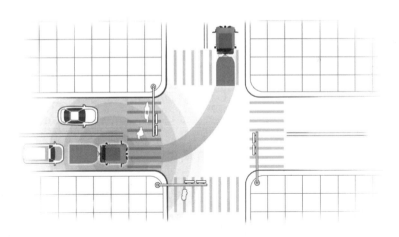

图 8-28 轨迹规划技术

8.3.6 无人驾驶巴士

如今，公共交通也渐渐进入了无人驾驶时代，而且公共交通行业的行车速度慢、线路固定以及专用车道等优势有利于促进无人驾驶应用的落地。例如，百度推出的"阿波龙"商用级无人驾驶电动巴士已经实现量产，具备 L4 级别高度自动驾驶能力和卓越的交互能力，如图 8-29 所示。

图 8-29 "阿波龙"商用级无人驾驶电动巴士

通过将无人驾驶技术运用到公共交通领域，不仅可以实时监控、控制交通流量，而且可以让行驶过程更加安全舒适。在面对各种行车突发情况时，无人驾驶系统能够在短时间内做出反应，如减速避让、紧急制动、绕行障碍物等。

例如，宇通推出的"小宇"L4级自动驾驶巴士，已经在郑州的5G智能公交开放道路启动试运行，车辆在行驶过程中能够做到全程无人工干预，同时自主完成跟车行驶、自主换道、邻道超车、路口自动辨识红绿灯通行、定点停靠等工作，如图8-30所示。

图 8-30 "小宇"自动驾驶巴士

再如，深兰科技推出的 AI 熊猫智能公交车，该车是一款大型人工智能自动驾驶客车，其长度达到 12 m，搭载自动驾驶、手脉识别系统、DMS 司机监控系统、语音交互、精准广告推送、乘客异常行为监测、智能无人零售等先进的 AI 技术，目前已经在上海、广州、武汉、长沙等地进行测试，如图 8-31 所示。

图 8-31 AI 熊猫智能公交车

8.3.7 码头机场无人车

我国的港口码头和货运机场非常多，这些地方常年需要运输大量的货物，因此对于卡车司机的需求量非常大。与低速无人物流车不同的是，码头机场无人车主要运用在公路货运场景中，不仅可以降低人工成本，还可以提升行驶线路的精准度，同时解决转弯视线盲区、司机疲劳驾驶等问题。

例如，主线科技与中国重汽联合推出的无人驾驶卡车，采用 NATS 人工智能运输系统，具有深度感知、高精定位、决策规划、智能控制和云端服务等功能，主要面向港口码头、机场、火车站等物流枢纽与物流干线场景，让运输过程更加安全、智能、经济，如图 8-32 所示。

图 8-32　无人驾驶卡车

又如，智加科技推出的自动驾驶重卡已经实现量产，该车采用了自主研发的 PlusDrive 自动驾驶系统，具有 360°感知（毫米波雷达、激光雷达、摄像头）、定位系统（准确追踪车辆位置）、地图算法（根据周边环境快速更新地图）、深度学习模型（完成相当复杂的任务）等核心技术，可以改善司机的工作环境，降低劳动强度，如图 8-33 所示。

图 8-33　自动驾驶重卡

再如，驭势科技推出的无人物流车，采用了 U-Drive 智能驾驶系统，该系统包含了自动驾驶算法、全功能车规级智能驾驶控制器、云端智能驾驶服务平台三大核心技术模块，同时具备系统自我升级能力，并最终实现开放道路的无人驾驶应用，如图 8-34 所示。

图 8-34　无人物流车

8.3.8　矿山开采无人车

在矿区工作场景中，无人车的整体运用场景相对单一且封闭，没有城市道路那么复杂，基本不用担心行人和汽车等障碍物，因此比较适合无人车的运用。

例如，踏歌智行科技推出的"旷谷"全栈式无人运输解决方案，通过车（"睿控"车载系统）—地（"御疆"地面系统）—云（"天枢"云控平台）协同作业，为露天矿山提供无人运输服务，如图 8-35 所示。

另外，踏歌智行科技还开发了一套矿用卡车主动安全防撞保护系统，包括"前向碰撞预警及自动紧急制动""车车防撞预警""矿卡 360°盲区监视"三大功能模块，能够让司机对车辆周边的环境一目了然，同时能够检测潜在的碰撞风险并进行安全预警，以及能够主动进行减速或刹停以防止发生意外，从而避免或减轻运输碰撞事故给客户造成的财产损失或人身伤害,如图 8-36 所示。

图 8-35 "旷谷"全栈式无人运输解决方案

图 8-36 矿用卡车主动安全防撞保护系统

在矿区这种应用场景中,无人驾驶技术可以说是一种刚性需求,不仅有助于降低整体能耗,还可以提升运营效益和生产安全性,有助于加快打造"智慧矿区"。例如，希迪智驾推出的矿区无人驾驶解决方案，由矿车自动驾驶系统、远程驾驶系统、矿区车路协同系统以及智能调度系统等子系统组成，从而实现全流程的"无人化"高效生产作业，如图8-37所示。

图 8-37　矿区无人驾驶解决方案

第 9 章

无人仓储：实现物品的高效有序管理

如今，在电子商务和物流行业的飞速发展下，快递订单数量也呈现出爆发式的增长，相关企业渴望提升仓储物流效率，因此对传统物流和仓储行业提出了更高的要求，而无人仓储系统就是一个很好的解决方案。

9.1 无人仓储得以发展的原因

近年来,在互联网、人工智能和物联网等技术快速发展的背景下,"无人化"的智能仓储管理成为一种发展趋势。同时,无人车、无人机、机器人、无人仓等大量无人仓储技术的面世,也进一步促进了无人仓储的发展。

无人仓储的概念也很好理解,是指通过各种智能化和自动化的仓储设备和物流系统,实现"无人化"的全仓储流程,让机器人代替人工完成物品的收货、入库、分拣、搬运、存储、包装、出库等工作,从而实现降本增效的目标。

9.1.1 传统的仓储管理成本较高

传统物流可以分为两个部分:运输和仓储。我国的物流市场目前是全球最大的,而庞大的市场体量让仓储管理成本一直居高不下。根据相关公开资料整理的数据显示,2019年中国社会物流总费用约为14.6万亿元,物流行业费用构成情况如图9-1所示。

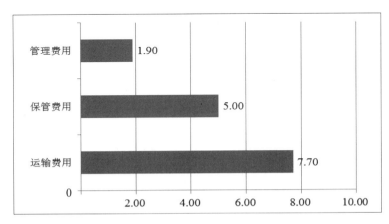

图9-1 2019年中国社会物流总费用构成(单位:万亿元)

从2019年中国社会物流总费用的构成占比情况来看,保管费用占比为34.25%，管理费用占比为13.01%，也就是说，物流的仓储管理成本总占比达到了47.26%，接近总费用的一半了。

近两年来，随着无人仓储的布局和落地运用，仓储管理成本也得到了有效控制。中国物流与采购联合会发布的相关数据显示，2020年中国社会物流总费用为14.8万亿元，不仅增速开始回落，而且物流运行效率也有所提高，其费用构成情况如图9-2所示。

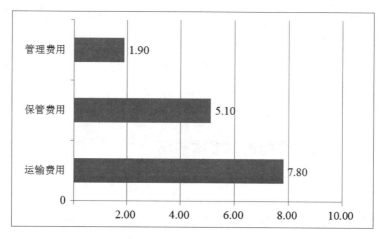

图9-2 2020年中国社会物流总费用构成（单位：万亿元）

9.1.2 先进设备与智能软件的促进

无人仓储运用了大量的技术手段和智能设备，如仓库管理系统、仓库控制系统和运输管理系统等，以实现"无人化"的仓储作业，如图9-3所示。

其中，仓库管理系统（warehouse management system，WMS）是指管理仓库智能化运作的软件工具。全方位的WMS系统能够实现入库和出库等操作，加快货流和信息流的运行，如图9-4所示。

仓库控制系统（warehouse control system，WCS）是一种自动化的物流整体解决方案，能够将任务分解到拣选机、输送线、堆垛机等设备，同时可以实时监控现场各设备的运行情况，如图9-5所示。

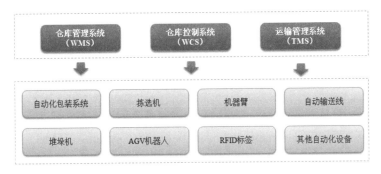

图 9-3　无人仓储的主要构成系统

图 9-4　全方位的 WMS 系统职能示例

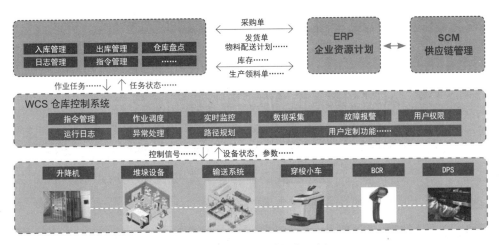

图 9-5　WCS 的系统架构示例

> **专家提醒**
>
> 在 WCS 的系统架构中，ERP 是 enterprise resource planning 的缩写，指企业资源计划；SCM 是 supply chain management 的缩写，指供应链管理；BCR 是 bar code reader 的缩写，指条形码识别设备；DPS 是 digital picking system 的缩写，指摘取式电子标签拣货系统。

运输管理系统（transportation management system，TMS）具有档案管理、任务调度、车务管理、规则预警、查询报表、财务计费和回单管理等功能，能够节省大量的人力和时间，同时为企业运营提供数据支撑。图 9-6 所示为 oTMS（上海先烁信息科技有限公司）推出的 TMS 运输管理云系统。其中，3PL（third-party logistics）指第三方物流，是一种物流运作与管理方式。

图 9-6　TMS 运输管理云系统

9.1.3　AGV 机器人市场增长迅速

在无人仓储的设备中，AGV（automated guided vehicle，无人搬运车）机器人的重要性不言而喻，它能够自动化、智能化地完成点对点的货物搬运工作，具体优势为：提升货物搬运的效率、降低货物的损耗程度、减少人工成本的投入。图 9-7 所示为苏州誉圣德智能视觉装备有限公司研制的 KUKA 智能 AGV 机器人产品。

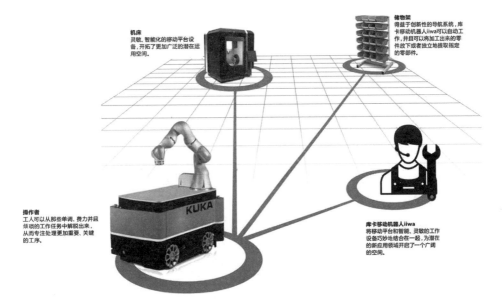

图 9-7　KUKA 智能 AGV 机器人产品

近年来，国内的 AGV 机器人市场规模不断扩大，大量资本投入该领域，整体市场表现出强劲的发展势头。图 9-8 所示为 GGII（高工机器人产业研究所）发布的 2017—2020 年中国 AGV 领域融资情况数据。

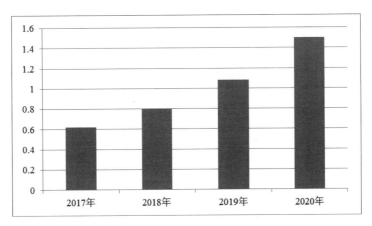

图 9-8　2017—2020 年中国 AGV 领域融资情况数据（单位：亿元）

未来，AGV 机器人将会被应用到更多自动化设备中，市场有望延续高热度与稳增长态势。图 9-9 所示为 GGII 发布的 2014—2019 年中国 AGV（含 AMR）市场销量及预测数据。

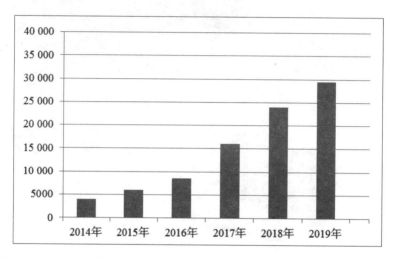

图 9-9　2014—2019 年中国 AGV（含 AMR）市场销量及预测数据（单位：台）

> **专家提醒**
>
> AMR 是 autonomous mobile robot 的缩写，是指自主式移动机器人，具有更强的自主性和灵活性。从传统 AGV 到 AMR，物流搬运设备的"车辆"属性在不断被弱化，而"机器人"属性则在不断增强。

9.1.4　自动分拣系统的优势明显

自动分拣系统是物流行业中的一种核心设备，隶属于物料搬运系统，能够降低劳动强度，同时提高拣货效率，如图 9-10 所示。

物流行业高速发展，自动分拣系统不断升级，不仅提升了分拣货物的数量，降低了分拣误差率，还实现了"无人化"的分拣作业。相关数据显示，2020 年中国自动化分拣设备的市场规模约 213.5 亿元，年度增长率达到 29%，如图 9-11 所示。

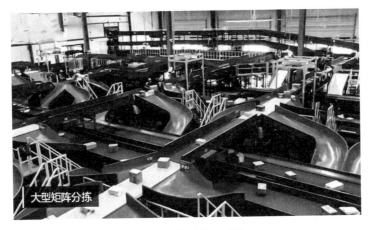

图 9-10　自动分拣系统

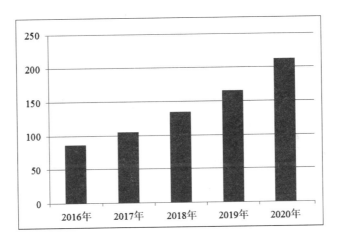

图 9-11　2016—2020 年中国自动化分拣设备的市场规模（单位：亿元）

9.1.5　RFID 的发展空间极大

RFID 技术能够实现生产线和物料的自动化管理，相当于给无人仓储中的所有商品打上了一个可被互联网实时识别的专属 ID（identity document，身份证标识号或账号），如图 9-12 所示。

在无人仓储中运用 RFID 技术，可以让商品的存储、打包和运输等流程变得更加智能化，从而大幅提升工作效率。图 9-13 所示为 RFID 固定式读写器。

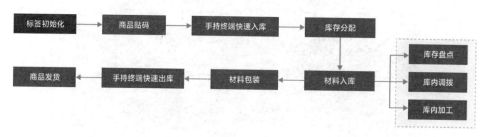

图 9-12　RFID 仓储管理系统的业务场景流程图

例如，使用 RFID 技术的智能货架，能够及时提醒仓储管理人员将货品放置到正确的货架位置上，有效防止发错或放错货物的情况发生，让寻找物料的工作更加省时省力，如图 9-14 所示。

图 9-13　RFID 固定式读写器

图 9-14　智能货架

> **专家提醒**
>
> RFID 不仅可以用到仓储物流行业，还具有防伪、安全控制、信息管理、NFC（near field communication，近场通信技术）支付等功能，可以应用到汽车、食品、服装、珠宝、零售等行业。

RFID 技术在很早以前就已经实现了大范围的商用，在"无人经济"时代，RFID 的市场规模也得到了进一步的发展，同时给无人仓储的自动识别带来了极大的便利。根据前瞻产业研究院整理的相关数据显示，2019 年我国 RFID 市场出货量约为 94.7 亿元，如图 9-15 所示，预计

2022年将突破100亿元。

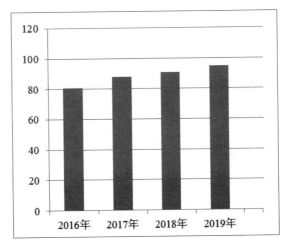

图9-15　2016—2019年中国RFID市场出货量（单位：亿元）

9.2　无人仓储技术的分类

如今，不管是传统企业，还是各大电子商务巨头，都在积极布局无人仓储，以解决日益严峻的货物或包裹分拣等问题。无人仓储的最终目标是实现全流程"无人化"的仓库作业操作，这就需要仓储系统有一个"聪明的头脑"，用人工智能算法对生产管理进行指导，让机器人代替人类工作，改变传统的生产模式。

本节主要介绍无人仓储技术的基本分类，包括自动化立体库、搬运机器人、无人输送系统、人工智能算法以及自动感知识别技术等，下面来看无人仓储究竟是如何做到"无人化"的。

9.2.1　自动化立体库

自动化立体库即AS/RS系统（automated storage and retrieval system，

自动存取系统），又称为自动化仓储系统，具有自动存储和取出物料的功能，能够提高空间利用率、减少占地/人工，轻松实现智能作业管理，如图 9-16 所示。

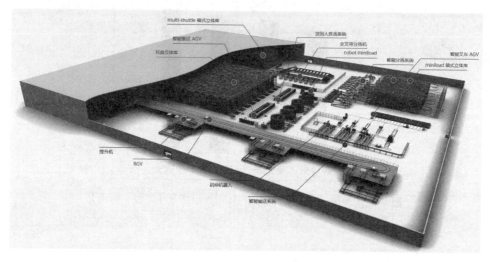

图 9-16　AS/RS 系统

专家提醒

在图 9-16 中，RGV 是 rail guided vehicle 的缩写，是指有轨制导车辆，又叫作有轨穿梭小车。robot miniload 是一种轻型堆垛机系统，也称为智能快存系统。

自动化立体库具体包括以下几个组成部分。

（1）高层立体货架：主要用于保管物料，能够将平面空间拓展为立体空间，如图 9-17 所示。

（2）仓储机械设备：主要包括搬运设备和输送设备，如堆垛起重机、高架叉车、输送机、巷道转移台车、升降机、自动引导小车、穿梭车等。

（3）控制管理设施：包括输送系统、信息识别系统、计算机控制系统、通信系统、监控系统和管理系统等设施。

（4）建筑物与周边设备：包括厂房、消防系统、照明系统、通风/采暖系统、动力系统等，以及排水、避雷、环保等其他设施。

图 9-17　高层立体货架

9.2.2　搬运机器人

无人仓储中的搬运机器人主要用来替代人工执行物料的搬运、采摘、包装等工作，包括 AGV 自动搬运机器人、码垛机器人、拣选机器人、包装机器人等，可以极大地提高生产效率。

图 9-18 所示为各种类型的 AGV 自动搬运机器人，能够运用电磁感应式、激光感应式、RFID 感应式等导航技术，将物品自动运输到指定的地点。

图 9-18　各种类型的 AGV 自动搬运机器人

图9-19所示为码垛机器人,能够实现码垛过程的完全自动化和智能化的操作管理,从而可以大大地减少劳动人员和降低劳动强度。

图9-19 码垛机器人

另外,拣选机器人可以快速完成货物分拣的工作,包装机器人则适用于薄膜、袋装、罐装、瓶装等各种形状的成品包装工作,让整个拣选和包装过程实现高度自动化的无人值守状态,如图9-20所示。

图9-20 包装机器人

9.2.3 无人输送系统

无人输送系统包括运输线和输送机等设备,能够以更加快速、高效和自动化的方式转移货物,如图9-21所示。

图 9-21　无人输送系统

如果说搬运机器人是无人仓储系统的"四肢",那么输送系统就相当于它的"血管",能够将整个物流系统中的设备紧密联系起来,实现高效的自动化工作。

9.2.4　人工智能算法

人工智能算法相当于无人仓储系统的"大脑",能够发出各种操纵指令,让机器人之间实现紧密协作,同时命令多种类型的智能设备自动完成相关的仓储物流工作,如图 9-22 所示。

图 9-22　人工智能算法

对于无人仓储系统来说,数据是所有操作的基础,而算法和算力则是核心竞争力,人工智能算法能够帮助客户实现技术到价值的链接。例如，旷视推出的"Brain++"智慧仓储解决方案，通过不断改进 AI 算法，推动传统仓储管理向柔性化、智能化转变，实现降本增效、简化管理的目标，如图 9-23 所示。

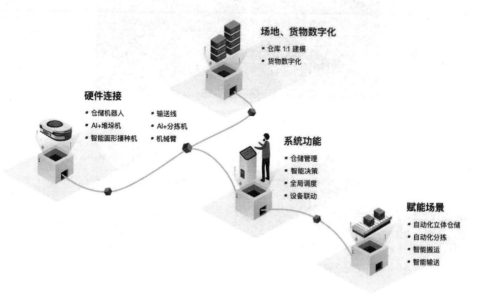

图 9-23　"Brain++"智慧仓储解决方案

9.2.5　自动感知识别技术

自动感知识别技术相当于无人仓储系统的"五官"，其不仅可以识别所有的设备和商品，还能收集准确的数据信息，并将有效数据上传到人工智能算法系统。自动感知识别技术包括条码技术、无线射频技术等，其通过感知物品来实现智能化识别和管理，以推动仓储的"无人化"建设，如图 9-24 所示。

可以说，自动感知识别技术让无人仓储系统有了灵敏、准确的感知能力，能够自动识别货物信息，从而让人工智能算法形成正确的思维与判断能力，并实现仓储物流运作的自动化、信息化、智能化需求，如图 9-25

所示。

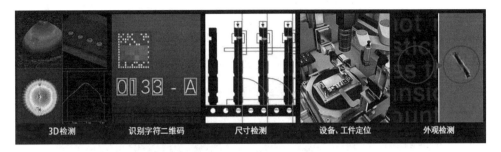

图 9-24 自动感知识别技术

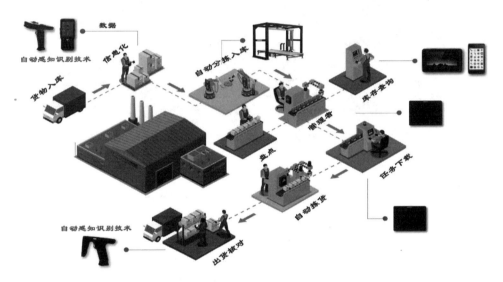

图 9-25 自动感知识别技术的运用场景

9.3 无人仓储的应用案例

近年来，无人仓储的应用案例层出不穷，尤其是各大电子商务企业，如亚马逊、京东、阿里巴巴、苏宁等均建立了无人仓。在这些无人仓中，随处可见各种机器人的身影，以及大量物联网技术的运用。这些应用随着技术的进步还在不断地升级。

9.3.1 阿里巴巴菜鸟无人仓

菜鸟是阿里巴巴推出的一个专注于物流服务的平台,将"全国24小时、全球72小时必达"作为使命,利用物联网、人工智能、大数据、无人技术等物流科技助力物流行业实现数字化转型升级,如图9-26所示。

图9-26 菜鸟的物流科技

为了实现从存储到发货的全流程"无人化"管理,菜鸟推出了无人仓项目,通过机器人等智能设备高效处理入库、拣选、打包、分拨等物流工作,省掉大量的中间环节,如图9-27所示。

图9-27 菜鸟的无人仓

9.3.2 苏宁"超级云仓"

苏宁从20世纪90年代开始就着手打造自己的物流系统，如今已经逐渐完成了从传统的仓储到现代化的无人仓储系统建设，并将"数据化+无人化+自动化"作为仓储物流的工作重心，其物流大数据如图9-28所示。

图9-28 苏宁的物流大数据

2019年，苏宁在南京建立了首个无人仓——"超级云仓"，配备了AS/RS、数据控制中心、miniload（箱式堆垛系统）、SCS（sequence control system，旋转库货到人拣选系统）等一系列的先进物流设备，能够达到1400箱/小时的拣选效率，速度是传统人工拣选方式的10倍以上，如图9-29所示。

苏宁的"超级云仓"采用条码定位技术，每个料箱都有独一无二的身份识别码进行商品信息的识别、定位和感知，能够达到99.99%以上的精准定位效果，如图9-30所示。苏宁的"超级云仓"拥有12 000组货架，最大可存储600万件商品，工作人员只需要按照提示完成商品拣选和料箱投递两个动作，其自动分拨系统每小时可完成3.2万个包裹分拣和18 000箱路径分拣工作。

图 9-29 苏宁的"超级云仓"1

图 9-30 苏宁的"超级云仓"2

另外,苏宁物流还在上海、济南等城市建立了机器人仓库,通过智能拣选机器人、智能调度等技术提升仓储作业效率,其拣选效率是传统拣选的 5 倍,单件商品平均拣选时间仅为 10 秒。

机器人可载运 800 kg 重物自由行动,同时可智能排队,自动避障率可达100%，如图9-31所示。200组机器人平均每天的运行距离为1766 km，通过二维码实现精准导航。货架也是可搬运移动的，能够让存储空间更加灵活。在相同的面积下，机器人仓库的存储量为平库的两倍。

图9-31 苏宁的机器人仓库

9.3.3 京东"亚洲一号"无人仓

京东"亚洲一号"是一个全流程的无人仓，其核心模块包括自动高速分拣线、无人分拣中心、自动入库输送线、自动化立库储区、自动复核打包区以及商品输送线等，能够实现运营数字化、决策智能化的工作方式，如图9-32所示。

在"亚洲一号"无人仓中，可以看到各种立体仓库、供件机器人、分拣机器人、运输机器人、拣货机器人，其智能设备的覆盖率达到100%，能够实现体积测定、视觉检验、立体存储、粘贴发票、粘贴运单、自动打包等功能，并通过智能调度算法实现多设备的高效协同作业，如图9-33所示。

图 9-32 京东"亚洲一号"无人仓

图 9-33 无人仓智能设备

第 10 章

无人物流：解决运输的"最后一千米"

无人物流是指全程"无人化"的快递运送流程，是机械化、自动化和智能化发展的结果，能有效解决物流运输不便、运输效能低下等问题。本章主要介绍无人物流的基本分析和配送方式，以及运输"最后一千米"的解决方案。

10.1 无人物流的基本分析

目前,很多互联网巨头纷纷布局无人物流领域,包括阿里巴巴、京东、美团、苏宁、顺丰等都推出了自己的物流平台。这些企业之所以热衷于无人物流,除了满足自己的配送需求,很大一部分原因还在于占领市场新"风口"。

本节主要对无人物流的优势、瓶颈、趋势和展望等进行分析,探讨无人物流的未来走向。

10.1.1 无人物流的优势

无人物流是指以机器人、无人车和无人机等工具实现物品的运输,能够很好地解决物流配送中的"最后一千米"的问题,其优势如图 10-1 所示。

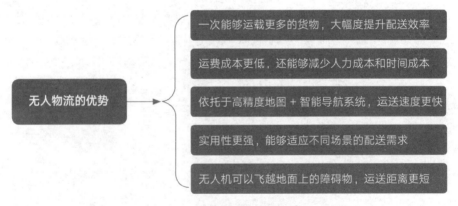

图 10-1 无人物流的优势

例如,京东 X 事业部推出的送餐机器人通过搭载自动驾驶的核心算法,能够自主规划路线、自主充电以及智能避障,最大限度地提升送餐效率,如图 10-2 所示。

图 10-2 送餐机器人

10.1.2 无人物流的瓶颈

无人物流毕竟是依靠机器来完成配送工作的,当然也会存在一些瓶颈,具体如图 10-3 所示。

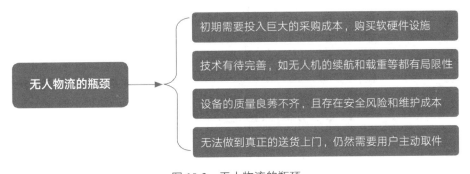

图 10-3 无人物流的瓶颈

10.1.3 无人物流的趋势和展望

不可否认,无人物流有着巨大的价值和潜力,这也是各大电子商务企业、物流企业和科技公司都看好无人物流的基本出发点。图 10-4 所示为无人物流的发展动力。

不过,在无人物流的发展初期,技术存在局限,管理的难度大,缺乏配套的监管措施,同时民众的接受度也有待提升,这些困难让无人物流的前进之路变得有些曲折。因此,相关企业需要做好长远的规划，平衡各方面的关系，这样才能走得更远、更好。

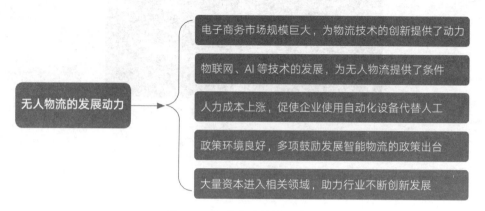

图 10-4　无人物流的发展动力

未来，以机器人、无人驾驶、无人机等为代表的无人物流技术不仅能够大幅提升物流运营效率，还能够推动物流业的发展，让物流这个劳动密集型行业渐渐发展为技术密集型行业，从而颠覆整个物流产业。

10.2　无人物流的配送方式

随着电子商务的发展和网购用户的增多，快递包裹的数量也在逐年暴增，同时也推动了物流配送方式向"无人化""自动化""黑科技"等方向发展。本节主要介绍无人物流的配送方式，包括移动机器人、无人驾驶、无人卡车、无人机等，为用户带来多样化、个性化的配送服务。

10.2.1　移动机器人配送

移动机器人在配送货物时，能够自主识别和躲避各种障碍物，而且还具有环境感知、智能互联、人机交互、规划控制、行为预测、自动驾驶、高精度地图和定位等能力，能够从站点配送到写字楼、高校园区、居民社区、商业区等地。当移动机器人将货物送到目的地后，用户可以通过面部识别、输验证码或扫二维码等方式快速取件,如图10-5所示。

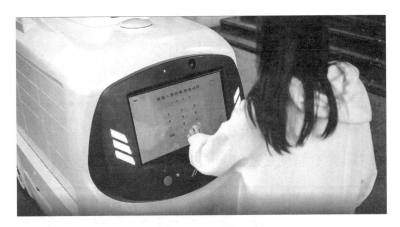

图 10-5 输入验证码取件

目前,国内的阿里巴巴、京东 X 事业部、美团、百度、苏宁、顺丰,以及国外的 Nuro、达美乐、英特尔等企业,都推出了大量的智能物流配送机器人。其中,由阿里巴巴菜鸟网络组建的"E.T. 物流实验室"自主研发了菜鸟小 G Plus、菜鸟小 G 2 代、菜鸟小 G 等一系列配送机器人。

例如,菜鸟小 G Plus 是一个具有智能规划、动态识别、自动规避、环境分析等功能的末端配送机器人,不仅载重和容量大,而且续航里程长,适合在室外长距离运行,如图10-6所示。

图 10-6 菜鸟小 G Plus

10.2.2 无人驾驶汽车配送

在物流配送领域中,无人驾驶技术不仅可以节省人力成本,而且承载量也更大。例如,阿里巴巴发布的 L4 级自动驾驶智慧物流车,不仅搭载了 Velodyne 的 16 线激光雷达和 32 线激光雷达,还具备双目摄像头、单目摄像头、RTK(实时动态)、超声波雷达等传感器,时速可达 40 km/h 左右,定位精度可达 20 cm 以内,如图 10-7 所示。

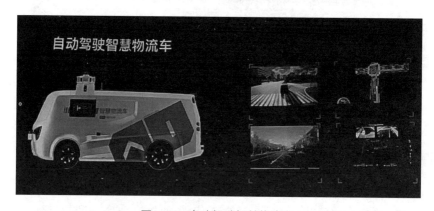

图 10-7 自动驾驶智慧物流车

再如,雷诺集团发布的 EZ-PRO 概念车能够运送各种类型的货物和商品,还具有交货功能,是"快递柜 + 无人驾驶"结合体,可帮助客户提高生产效率和节约成本,如图 10-8 所示。

图 10-8 雷诺 EZ-PRO 概念车

10.2.3 无人驾驶卡车配送

在物流配送环节中,卡车是一个相当重要的运输设备,大部分运输任务由卡车完成。正是由于这一点,很多企业也开始积极开发和应用无人驾驶卡车,很多企业甚至已经实现了无人驾驶卡车的商业化试运营。

例如,沃尔沃公司研发的无人驾驶卡车维拉(Vera)能够沿预定路线运送集装箱,这种卡车一次可以运输大量货物,最高时速可达 40 km/h,如图 10-9 所示。

图 10-9　无人驾驶卡车维拉(Vera)

无人驾驶卡车配送的主要优点在于运输量非常大,这样能够间接地降低运输成本。同时,在较简单的驾驶场景下,无人驾驶卡车能更好地实现运输安全。另外,无人驾驶卡车还能全天进行派送,风雨无阻,更加方便高效、节省资源。

瑞典初创公司 Einride 推出的 L4 级别的 T-Pod 无人驾驶卡车能够自动完成所有驾驶操作,其满载时的重量为 26 t,运载量与其他大型货车相比毫不逊色,可以减少 60% 的货物运输成本,如图 10-10 所示。

无人物流带来了快捷的运输流程,也让后端供应链的物流体系发生了巨大变化，不仅出错概率更低，效率也更高。从长远来看，以"无人化"为特征的新一轮物流技术的创新应用将对物流行业的格局产生深远影响。

图 10-10　T-Pod 无人驾驶卡车

10.2.4　无人机配送

在民用无人机范畴内，物流配送是一种十分常见的应用场景，世界各国都在大力推进物流无人机的发展，如图 10-11 所示。

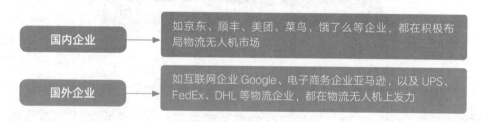

图 10-11　布局物流无人机的相关企业

无人机配送具有天然的地理优势，它不受道路的限制，非常适合偏远地区和四五线城市等大部分配送场景，具有低成本和高效率的优势。

例如，京东推出了多种类型的物流无人机，如电动多旋翼 Y-1、Y-2、Y-3、以及倾转旋翼 VT1、京东巡检无人机 X-1、油动小壮 CT120 等，如图 10-12 所示。

图 10-12　京东推出的物流无人机系列

以 Y-1 三轴共桨六旋翼无人机为例，其功能特点为垂直起降、10 km 半径、10 kg 载荷、良好的气动布局、全自动装卸货，能够实现配送流程的全自动化，极大地提高了配送效率、降低了物流成本，如图 10-13 所示。

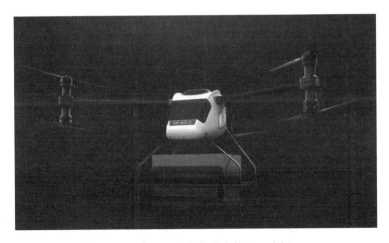

图 10-13　Y-1 三轴共桨六旋翼无人机

在应用方面，京东无人机的目的在于打造"三级物流网络（干线级、支线级、末端级）+通航物流体系"，将服务范围覆盖到全国广大的农村地区，最终构建"天地一体化"的智能物流网络。

目前，京东的物流无人机已经在宿迁、西安等地实现常态化运营，能够为广大乡村用户跋山涉水运送货物，提升了当地用户的购物体验。

10.3　无人配送的助力——无人快递柜

在各种电子商务促销节日的推动下，国内电子商务市场一次次地在刷新着世界纪录。例如，2020年"618"期间，京东平台的累计下单金额达到2392亿元，天猫平台的累计下单金额更是高达6982亿元。再如，2020年"双十一"期间，天猫平台的交易额突破4982亿元，京东平台的累计成交额也达到了2715亿元。

在这些海量成交的订单数据背后，国内的快递行业也享受到了电子商务市场带来的发展红利。为了进一步提升末端配送的效率，无人快递柜应运而生。本节将针对无人快递柜的发展背景、发展现状、运营成本、发展阻碍、发展趋势、应用案例等进行分析，为行业的发展提供一些新的思路。

10.3.1　无人快递柜的发展背景

无人快递柜主要采用物联网技术，是一个可以识别、暂存、监控和管理快件的设备。前面已经强调过，无人快递柜是在电子商务市场的火爆发展背景下得以流行的。那么，在这种行业背景下，无人快递柜究竟是如何发展起来的呢？图10-14所示为无人快递柜的发展背景分析，从中我们也许能看到原因。

CNNIC发布的相关数据显示，2020年中国网民规模为9.89亿人，农村互联网普及率为55.9%，城市互联网普及率为79.8%。国家统计局发布的相关数据显示，2020年我国网上零售额高达11.76万亿元，比2019年增长10.9%。同时，自媒体、直播、短视频、社区团购、新零售门店等这些新电子商务模式的出现，为电子商务市场的发展带来了极大的动力。

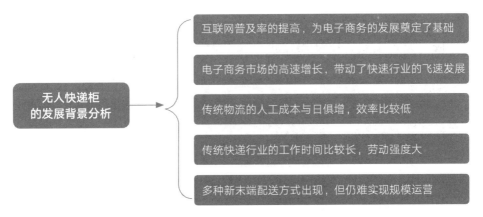

图 10-14　无人快递柜的发展背景分析

在互联网和电子商务市场的推动下，以及为了解决传统快递行业的各种难点，无人快递柜成为一种较好的解决方案。与移动机器人、无人车或无人机等配送方式相比，虽然都具有"无人化"的优势，但无人快递柜的可行性更高、成本更低。表 10-1 所示为各类型末端配送方式的对比。

表 10-1　各类型末端配送方式的对比

末端配送方式	解决问题（Y 表示可解决问题，N 表示未解决问题）			
	人员紧缺	成本高	效率低	时间短
传统人工配送	N	N	N	N
众包物流	Y	N	N	N
无人车	Y	Y	Y	N（续航时间有效）
无人机	Y	Y	Y	N（续航时间有效）
无人快递柜	Y	Y	Y	Y

总的来说，无人快递柜主要应用于人员密集的区域，以派件为主，寄件功能也在逐步实现，能够 24 小时提供服务，而且可以获得用户数据，进行电子商务或者其他服务的转换。

10.3.2 无人快递柜的发展现状

无人快递柜已经经过了很多年的发展,如今在国内外都有一定的市场规模,而且不同国家的应用模式也有所区别。下面以日本、德国和美国为例,介绍国外的无人快递柜发展现状,如图10-15所示。

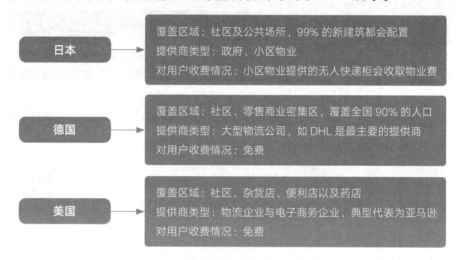

图10-15 国外的无人快递柜发展现状

在国内,无人快递柜虽然目前的普及率较低,但发展速度比较快。相关数据显示,2020年全国智能快递柜的市场规模达354亿元,增长率高达40%,如图10-16所示,预计未来将会出现爆发式增长。

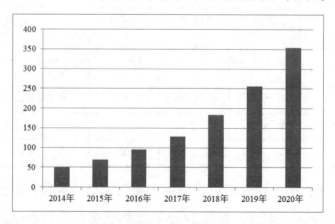

图10-16 2014—2020年智能快递柜的市场规模(单位:亿元)

(数据来源:速途研究院)

国家邮政局发布的相关数据显示，预计2025年国内的快递柜存量规模可达200万组，如图10-17所示，同时对应入柜的快递数量约500亿件。

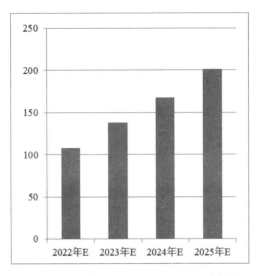

图10-17　2022—2025年中国快递柜数量预测（单位：万组）

从智能快递柜的相关数据可以了解到，在短时间内，无人快递柜仍然无法完全满足市场的需求，因此当下仍然处于发展期，未来3年仍存在近千万格的需求缺口，市场仍有很大的发展空间。

10.3.3　无人快递柜的成本分析

无人快递柜的成本主要包括前期的研发、生产、采购和后期的维护、运营费用，前期的投入和后期的运营成本都比较大，如图10-18所示。

在收益方面，无人快递柜的最大难点在于盈利能力差，目前主要以广告和收取快递员费用为主，在规模化不足的情况下，盈利比较困难。因此，很多企业为了解决盈利难题，想方设法地增加无人快递柜的收入渠道，如客户超期包裹收费、客户寄件收费以及其他增值服务费等。

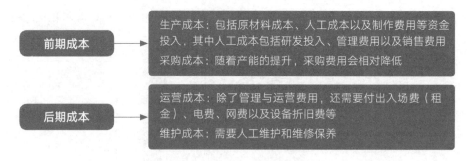

图10-18　无人快递柜的成本分析

例如，丰巢推出的HIVE BOX平台提供了定制的软件和硬件解决方案，以满足客户对不同场景的不同需求。此外，丰巢还通过该平台与其他机构进行合作，在全球范围内提供仓储、储物柜自动售货机、彩票、广告等增值服务，如图10-19所示。

图10-19　丰巢HIVE BOX平台

10.3.4　无人快递柜的发展阻碍

无人快递柜的最大发展阻碍在于缺少相关的服务标准，尽管国家邮政局颁布了《智能快件箱投递服务管理规定（暂行）》，相关内容如图10-20所示，但仍然缺乏明细的政策法规来进一步确定其中的风险与责任。因此，相关行业和主管部门需要尽早明确快递柜的权责问题，以保障各方的权益。

> 第七条 经营快递业务的企业在使用智能快件箱投递快件前，应当征得收件人明示同意。寄件人交寄快件时指定智能快件箱作为投递地址的，可直接将快件投递至指定的智能快件箱。
>
> 收件人未明示同意采用智能快件箱投递快件的，经营快递业务的企业应当按照快递服务合同约定的名址提供投递服务。
>
> 快件运单已注明为易碎品或者外包装出现明显破损的快件，不得以智能快件箱进行投递。企业与寄件人另有约定的除外。
>
> 第八条 经营快递业务的企业使用智能快件箱提供投递服务时，应当告知收件人以下事项：
>
> （一）快件运单码号、取件方法及所需信息；
>
> （二）投递使用的智能快件箱的布放地点；
>
> （三）收件人自智能快件箱中取出快件则视为签收。
>
> 经营快递业务的企业应当按照收寄时向寄件人承诺的服务时限完成投递。 快件投递至智能快件箱，视为一次投递。
>
> 第九条 使用智能快件箱进行快件首次投递，收件人未能及时提取的，经营快递业务的企业应当将快件取出，联系收件人再次提供投递服务。
>
> 第十条 经营快递业务的企业使用智能快件箱提供投递服务的，应当通过电话或者互联网等方式提供跟踪查询信息，明确标识快件已投入智能快件箱、快件已被收件人取出、快件已被快递业务员取出等节点信息。
>
> 第十一条 使用智能快件箱进行快件投递服务过程中，快件发生延误、丢失、损毁等服务质量问题的，经营快递业务的企业应当按照与用户的约定依法解决。

图 10-20 《智能快件箱投递服务管理规定（暂行）》的相关内容

另外，在场地、资金和用户投诉等方面，无人快递柜也面临着一定的发展阻碍，具体如图 10-21 所示。总之，相关企业需要不断提升物流配送末端的效能和服务质量，获得用户的认可和资本的青睐，这样才能获得更好的发展。

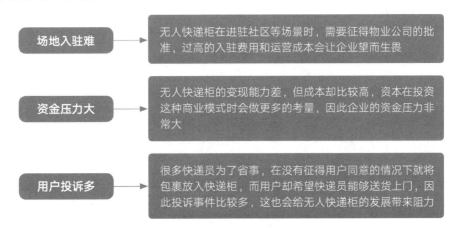

图 10-21 无人快递柜的其他发展阻碍

10.3.5 无人快递柜的发展趋势

未来,无人快递柜随着技术创新和服务升级,将得到更加深入的发展。快递末端的配送模式方案设想:由无人驾驶卡车将货物运输至无人快递柜,然后通过移动机器人、无人车、无人机等方式为末端 100 m 的用户提供高端派送服务。基于这个设想,无人快递柜的发展方向主要集中在以下五个方面,如图 10-22 所示。

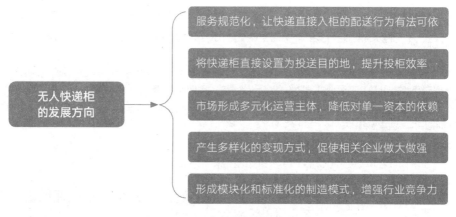

图 10-22 无人快递柜的发展方向

10.3.6 无人快递柜的应用案例

从 2010 年中国邮政建立第一台智能包裹投递终端开始,无人快递柜经历了近十年的发展,大量电子商务企业和快递企业争相入局,市场上的相关产品可以说是百花齐放、百家争鸣。

2016 年,无人快递柜市场已经形成了以丰巢、速递易和 e 栈为首的"三足鼎立"局面。随后,中邮资本、菜鸟网络入股速递易,而丰巢则全资收购 e 栈,无人快递柜行业又形成了"两军对垒"之势,这种局面一直持续到现在,如图 10-23 所示。

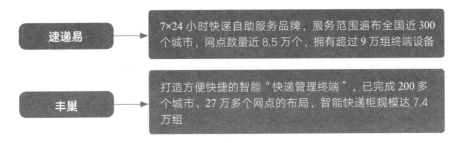

图 10-23 无人快递柜的发展方向

例如,丰巢的智能柜分为室内型柜机、室外型柜机、冷藏柜机以及特殊定制柜机等类型,其智能柜规格包括标准柜、拓展柜和不同大小的格口等。另外,用户还可以通过"丰巢快递柜"微信公众号或支付宝服务窗进行自助寄件或取件等操作,如图 10-24 所示。

图 10-24 丰巢快递柜的自助寄件和取件流程

再如，速递易提供 24 小时的智能快件存储自助服务，用户可以随时取件。同时，速递易还为商家提供了箱格预约服务，商家可提前预约箱格，到达速递易立即投递，无须等待，适合洗衣、手机维修和电子商务等生活场景，如图 10-25 所示。

图 10-25 速递易的箱格预约服务

第11章

无人工厂：自动化生产成为一种必然趋势

除商业领域外，"无人经济"模式还被广泛应用于制造领域，如无人工厂就是典型的代表。无人工厂采用一种全自动化的"无人化"生产模式，大量使用机器人代替人工，同时利用计算机系统控制所有的生产活动，极大地提高了生产效率。

11.1 了解无人工厂的基础知识

近年来，无人超市、无人驾驶以及无人工厂等新的商业模式不断地刷新人们对于"无人经济"发展的看法。

如今，无人工厂的应用在国内已经相当成熟，不仅可以帮助制造企业提升生产效率和作业标准，还让工人摆脱了重复性的机械劳动，让他们有更多的机会到更好的岗位上工作。

本节将介绍无人工厂的一些基础知识，如概念、优势、弊端、发展史以及影响等，帮助大家更好地认识无人工厂。

11.1.1 无人工厂的定义

在本章的扉页处已经对无人工厂的概念进行了一个简单的介绍，其实无人工厂很好理解，就是通过各种自动化和智能化的生产设备和操作系统，让工厂能够在无人的情况下自动完成生产任务。

图 11-1 所示为思科推出的全数字化互联工厂解决方案，帮助工厂实现自动化、网络化转型，同时帮助科技制造企业节约运营成本，减少宕机，提高工作效率和产品质量。

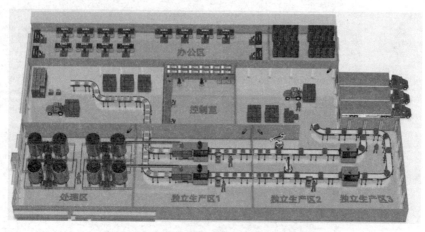

图 11-1 全数字化互联工厂解决方案示例图

在无人工厂中，原料输进、产品设计、工艺设计、生产加工、检验包装以及产品输出等工作都可以交给由智能算法控制的机器人、数控机床、无人运输车和自动化仓库来实现，无须过多的人工参与。

11.1.2 无人工厂的优势

互联网、移动通信、云计算、物联网、大数据分析、人工智能等技术的出现，不仅深刻地改变了消费者的行为模式，同时也促使大量制造企业运用这些技术构建新的生产模式、流程、硬件和系统，获得更出色的竞争优势和更高的生产效率，创造更多的利润。

因此，很多制造企业都在着力打造无人工厂，这是因为与传统工厂相比，无人工厂有着无可比拟的优势，如图11-2所示。

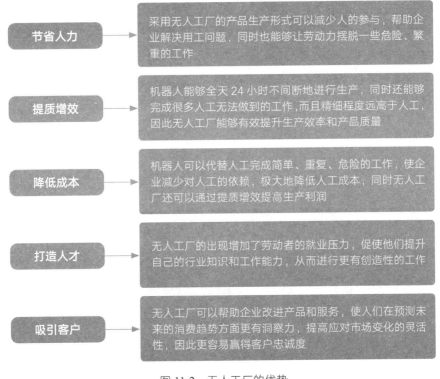

图11-2 无人工厂的优势

11.1.3 无人工厂的弊端

各种"无人化"技术的快速发展推动了无人工厂的兴起,同时人口红利的逐步消退也促使相关制造企业探索转型升级之道。然而,在无人工厂火爆发展的当下,也会存在一些明显的弊端,如图11-3所示。

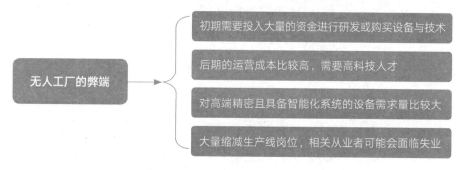

图11-3 无人工厂的弊端

11.1.4 无人工厂的发展史

早在1952年,美国福特汽车公司就建造了全球首个全自动工厂,主要用来生产汽车发动机产品。该工厂由42台自动机器组成,能够实现500种不同的操作和加工,同时还可以自动筛查不合格的产品。

在20世纪80年代初期,日本"法那克"在富士山附近建立了一座无人工厂,采用了机械加工中心、数控机床、机器人、无人运输车等自动化设备。该工厂主要生产制造机器人所需的部件,所有工作均由计算机程序进行控制。不过,这个工厂也没有做到完全的"无人化",仍然需要部分工作人员和监视员来监控设备的操作过程。

当然,这些可以看作无人工厂的一种早期形式,真正的无人工厂是在工业机器人等各种高科技逐步落地后才涌现出来的,如图11-4所示。

如今,很多企业开始专注自动化制造设备的生产研发,根据不同制造企业的生产场景为其量身定制"无人化"解决方案,助力客户用机器人换人,促进智能制造的落地。如冲压机器人、车床上下料机器人、焊接机器人、码垛机器人等,这些都是现代化无人工厂中常见的机器人类型。

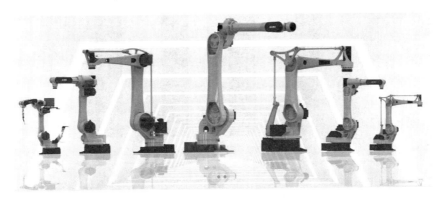

图 11-4 工业机器人

图 11-5 所示为九众九机器人有限公司研发生产的六轴码垛冲压机器人,客户能够自由编程,让机器人完成自动化生产,提高生产效率。

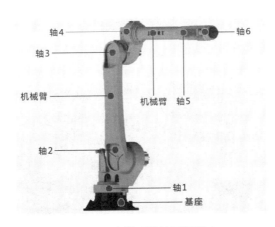

图 11-5 六轴码垛冲压机器人

在工业生产中,这些工业机器人可以代替人工进行长时间作业,被广泛应用到汽车制造、电子电气等行业。中投产业研究院发布的相关数据显示,2019 年我国机器人市场规模达到 588.7 亿元,预计 2025 年将达到 1463 亿元,如图 11-6 所示。

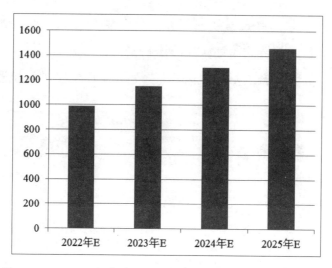

图 11-6　2022—2025 年中国机器人市场规模预测（单位：亿元）

从简单的自动机器到复杂的工业机器人，以及各种计算机、电子技术的深度发展，无人工厂变得越来越智能，越来越不需要人的参与。

越来越多的工厂接入了"无人化"技术，小到包饺子的流水线无人操作，大到汽车的机械化组装制造，在各种生产场景下都可以看到由机器人代替人工进行的相关操作，如图 11-7 所示。

图 11-7　自动化的汽车生产线

11.1.5 无人工厂的影响和意义

在传统制造时代,电气自动化技术是主要的生产力,而到了无人工厂时代,则更多地趋向于智能化的生产技术。无人工厂的出现,对工人、企业、行业三方都产生了极大的影响。

1．对工人的影响

对于工人来说,无人工厂的应用首先会改变传统的劳动生产方式,从而让劳动力结构产生巨大的改变。因此,普通的生产线工人可能会面临失业,如从事装卸、运输、上下料、组装、检测、包装等工种的工人。

同时,无人工厂中的机器人拥有极强的学习能力,可以代替人类从事设计、研发等工作。另外,无人工厂具有运算快、精度高等优势,其表现也比人类更出色,如图11-8所示。因此,无人工厂会从根本上减少对劳动力的需求,而劳动力市场则需要积极调整劳动力结构,满足无人工厂的需求。

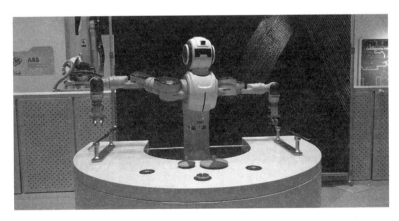

图11-8 聪明的机器人

无人工厂相对于传统生产模式来说,能够起到显著的提质增效、降低成本的作用,而且也有很多试水的企业尝到了甜头,同时也有一些行业大咖看好该模式。

刘强东表示:"未来,京东将是一家由人工智能和机器人运营的无人公司,充分利用 AI 技术可以减少人们的工作时长。员工一天只需工作两三个小时。"

马云也曾说:"机器人的使命,应该是帮助人类做那些人类做不了的事,而不是代替人类。"

随着无人工厂的普及,企业的劳动力成本会大大降低。

在无人工厂普及的情况下,企业不可能马上就将员工解雇。但是,企业要如何安置这些员工,就需要先考虑该如何去适应无人工厂这种新模式。毕竟,制造业有那么多劳动者,如果他们都失业,会产生严重的社会问题。有些已经在试水无人工厂的企业也表示,不会因此开除工人,但要求他们能够适应新的工作。

科技在不断地进步,这种趋势是人类无法改变的,人类只能改变自己,让自己去适应这个社会。因此,在笔者看来,传统的工人必须加快学习的步伐,在无人工厂普及之前,为自己另谋一个更好的工作岗位。

2. 对企业的影响

对于相关企业来说,无人工厂拥有很多优势,可以显著地提质增效和提高生产效率,以及减少工人数量。另外,无人工厂还有助于企业更好地理解和满足客户需求,实现需求计划,促进务实创新,产生切实的成果。

例如,陶朗推出了多功能光电智能分选设备——AUTOSORT,该设备搭载了大量的人工智能技术、识别技术和功能强大的传感器,能够同时分选不同材质和颜色的物品,适用于分选大件垃圾、工商业垃圾、城市生活垃圾、混合塑料包装、混合废纸、电子垃圾、建筑和装修垃圾等物品,如图 11-9 所示。

图 11-9 AUTOSORT 智能分选设备

除了应用无人工厂技术提质增效外,企业还需要注意其中存在的一些问题。如上面提到的人员减少及安置问题,以及企业要如何进行改革和保持竞争优势等问题。另外,前期的投入成本也是企业需要重点考虑的问题,还有生产规模较小的企业如何应用无人工厂,等等,这些问题都需要企业提前进行思考和寻找解决方法。

3. 对行业的影响

对于行业来说,当某个行业中有大量企业升级为无人工厂时,该行业的劳动力结构、生产模式以及整个行业的格局都会产生相应的变化。根据"物竞天择,适者生存"的自然规则,那些传统的企业可能会被淘汰,只有能够适应行业变化的企业才能生存下来。

例如,规模小的、竞争力差的企业或者低端的制造企业都可能被无人工厂淘汰。那么,在这种形势下,行业该如何形成良性的发展模式就需要整个行业去思考。

总之,没有成功的企业,只有时代的企业。企业需要在商业模式的创新中不断探索试错,根据行业的变化调整自身的发展战略,将科学技术当作第一生产力,随着行业的发展共同进入无人工厂时代,与时俱进,只有这样才能在这个时代生存。

11.2 六大无人工厂案例分析

如今,在机器人、人工智能等新科技高速发展的背景下,传统制造行业正在加速"无人化"的升级进程。同时,这种行业的创新也正以"润物细无声"的方式改变人们的生活、工作和消费方式。未来充满着机遇和挑战。

"无人化"也成了当下的一个高频词,它就像"蝴蝶效应",不仅影响了人们的生活方式,还影响了工作就业,进而给整个经济转型带来了巨大的变化。所以,无人工厂成为一种转型趋势,越来越多的企业开始试水无人工厂项目。本节将介绍国内外的一些典型无人工厂案例,看看它们是如何实现"无人化"转型和生产的。

11.2.1 美的全智能无人工厂

美的从 2012 年就开始布局数字化车间战略,并花费 6 亿元打造全智能无人工厂,逐步迈入工业 4.0 时代。据悉,在美的的数字化车间中,同时运用了 CAD、CAM、ERP、PDM(product data management,产品数据管理)等系统进行全流程的数字化生产管理。

图 11-10 所示为美云智数-工业仿真(MIoT.VC)系统数字化工业仿真平台,该平台集 3D 工艺仿真、机器人仿真、物流仿真、装配仿真、人机协作、虚拟调试、数字孪生工厂等功能于一体。

另外,美的还成立了自己的"机器人与自动化事业部",主要围绕无人工厂相关领域提供行业解决方案,包括工业机器人、物流自动化系统以及传输系统等解决方案,涉及医疗、娱乐、新消费等行业领域。

目前,美的已经拥有 800 多个工业机器人、8 个机器人与工业自动化生产基地，并且库卡营业额做到了 32 亿欧元。库卡是美的旗下的一家基于机器人智能化、自动化解决方案的供应商，发布了 KR QUANTEC（具有数字运动模式的工业机器人）、KUKA Mobile Platform 1500（全向移动式平台）等产品，如图 11-11 所示。

图 11-10　美云智数 - 工业仿真（MIoT.VC）系统数字化工业仿真平台

图 11-11　KR QUANTEC 工业机器人

另外，美的旗下的瑞仕格品牌提供了完整的自动化物流解决方案，推出了瑞仕格的明星产品，包括 CarryPick（灵活的订单拣选系统）、AutoStore（适用于小件物品存储和订单拣选系统）、UniStore（灵活高效的托盘堆垛机系统）、ACPaQ（全自动整箱混合码垛系统）、PowerStore（托盘穿梭车系统）以及SynQ（模块化智能软件平台）等产品，推进数字化与机器人技术，如图11-12所示。

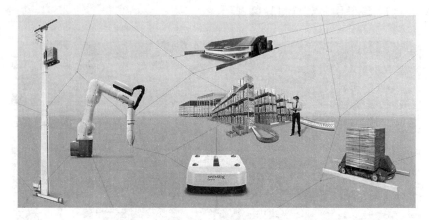

图11-12 瑞仕格品牌推出的系列产品

美的通过运用这些数字化的创新业务和相关产品，为其提供集成自动化和数字化的解决方案，同时还对外输出这些解决方案，助力更多企业实现数字化升级转型。

11.2.2 上海通用金桥工厂

上海通用金桥工厂主要生产别克品牌旗下的君威、君威GS、君越、凯越以及英朗车型，凯迪拉克品牌旗下的XTS车型，以及雪佛兰品牌旗下的迈锐宝等车型，包括冲压车间、车身车间、总装车间、油漆车间等多个流程。

在冲压车间中，目前共有56套模具，共生产78种零件。这些模具都按照车型叠放在一起，方便龙门吊床取放，模具旁边还有文字标注该模具是车辆的哪个零件，模具前方有英文和数字组合编码，是车型代码。其中，君威GS车型有13套模具，生产20种零件。车间和供应商会通过SAP（system applications and products，企业管理解决方案）系统控制物料的供应。

在车身车间中,有 300 多台机器人进行作业,而且所有部件均采用自动化设备进行焊接。例如,车辆地板就是通过焊接机器人来进行点焊操作的,通过 11 台机器人同时工作,将车身侧围焊接至车身地板处,大大提高了焊接工作的效率,而且支持柔性化生产。图 11-13 所示为焊接机器人。

图 11-13　焊接机器人

金桥工厂还采用了由 AGV 小车带动的 SPS(set parts system,零件分拣系统)拉料方式,不仅能够降低场内物流人员的工作强度,提高拉货效率,还能够做到 JIT(just in time,准时制生产方式)及时生产。例如,门饰板采用 SPS 拉料方式,将每辆 AGV 小车和一个台架绑定在一起,小车会自动跟着台架移动,方便工人取件的同时,也方便检查有无遗漏零件没有装车,如图 11-14 所示。

图 11-14　AGV 小车

同时，整个车间通过智能物联网系统可以追溯每一个关键螺钉的扭矩，管理整个装配过程，构建世界级的数字化装配体系。上海通用金桥工厂通过采用这种高度机械化、自动化的生产流程解放了人的双手，使人可将更多时间投入智力研发中。

11.2.3 海尔"透明工厂"

海尔"透明工厂"是一个对外开放的互联工厂，其全面实现了从工序的无人到工厂的自动化，同时针对用户的个性化需求能够做到及时的响应与满足，还实现了可视化的产品定制全流程，让用户从产品使用者变身为"产品设计者与生产监督者"，如图11-15所示。

图11-15 可视化的产品定制体验

下面是海尔采用的一系列自动化生产技术。

- ❑ 采用自动标准化作业，确保产品品质和实现高效生产。
- ❑ 智能机器人AGV自动配送冰箱门壳，更加高效、精准，如图11-16所示。
- ❑ 门体智能配送线是海尔首创的自动化物流配送系统，不仅能够实现箱体与门体的零误差匹配，还能够让用户、产品、设备间实现"相互对话"，让用户体验从"购买者"到"参与者"的新角色变化。
- ❑ U壳智能生产线能够实现多型号混流自动生产，如图11-17所示。

图 11-16　智能机器人 AGV

图 11-17　U 壳智能生产线

- U 壳智能配送线将传统工厂的人工运送方式升级为机器人运送方式，实现内胆与 U 壳的 100% 精准匹配。

另外，海尔还推出了卡奥斯工业互联网平台，提供与企业需求精准匹配的产品和解决方案，涉及生产制造、研发设计、数字化转型、公共服务等场景，助力相关企业实现大规模制造向大规模定制升级的快速转型。例如，海尔推出的工业机器人系统集成解决方案，能够满足客户生产工艺、质量、管控等方面的定制化需求，其应用场景如图 11-18 所示。

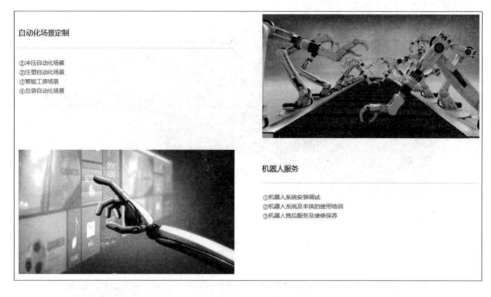

图 11-18　工业机器人系统集成解决方案应用场景

11.2.4　SAP 的数字化制造方案

SAP（System Applications and Products，思爱普）是一家业务流程管理软件供应商，主要开发可支持数据处理和跨企业信息流动的解决方案，如 ERP 与财务、供应链管理、CRM（customer relationship management，客户关系管理）与客户体验、HR（human resource，人力资源）与员工管理、网络与支出管理、SAP BTP（business technology platform，一个面向智慧企业的数据平台）等相关产品，同时还树立了 ERP 软件的标准。

对于传统制造行业来说，可以借助 SAP 的制造软件和工业物联网（industrial internet of things，IIoT）解决方案加快产品的上市速度，同时提高生产效率，并降低成本，如图 11-19 所示。

SAP 的制造业相关产品能够帮助企业实现数字化制造流程，为谨慎的制造商们带来了新的机遇，帮助他们在当今市场中赢得成功。

图 11-19　SAP 的制造软件和工业物联网解决方案

11.2.5　正大食品无人水饺工厂

正大食品是由正大集团推出的一个食品品牌，通过引进先进的生产工艺和设备，并采用科学的全封闭式可视监控体系，生产更加健康、安全的食品。

在正大食品的无人水饺工厂生产车间中，已经看不到埋头包饺子的工人了，水饺的制作、包装、运输等流程全部由机器自动完成，而且能够 24 小时不眠不休地进行生产，如图 11-20 所示。

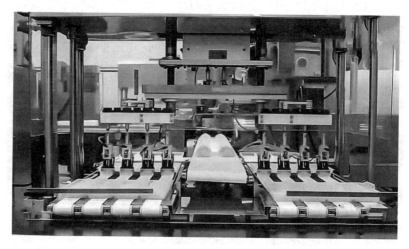

图 11-20　正大食品的无人水饺工厂生产车间

在水饺的生产过程中，不管是和面还是放馅、捏水饺和塑封，都由自动化的流水线作业完成。车间里随处可见各种气动抓手、分拣机器人和码垛机器人，不停地重复执行相同的操作，大幅提高了生产效率，如图 11-21 所示。

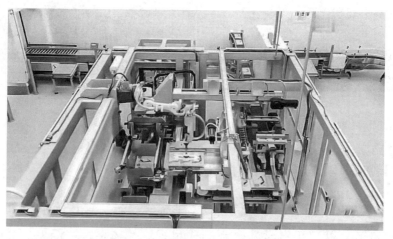

图 11-21　无人工厂中的相关设备

在过去，工厂里面有超过 200 个流水线生产工，如今生产同样多的水饺，却只需要不到 20 个人了。也就是说，通过采用无人工厂的生产模式，正大食品可以压缩 90% 的人工，有助于降低企业的用工成本。

11.2.6 李群自动化工业机器人

李群自动化（QKM）主要研发和生产工业机器人产品与相关的整体解决方案，服务于制造企业、系统集成商、科研机构等客户，帮助这些企业提升制造力。

李群自动化的标准产品包括 Apollo 机器人、HL 系列机器人、AP 系列机器人、AH 系列机器人、Hercules 系列机器人、Athena 系列机器人、MT2 手持示教器以及 QDIO 数字量输入输出模块等。

例如，Hercules 系列机器人是一种水平多关节（selective compliance assembly robot arm，SCARA）机器人，不仅外观看起来更为紧凑、美观，还拥有大负载、大臂展，能够对大型物料进行搬运、装配、分拣、装箱等操作，如图 11-22 所示。

再如，Athena 系列机器人不仅在速度、高开放性、精准度、稳定性以及性价比等方面极具优势，而且还具有灵巧、高柔性、高度编辑可控性等特点，使产品的分拣、包装过程变得更加智能与柔性化，能够在保证产品及工艺的稳定性的同时不断提高产能及效率，如图 11-23 所示。

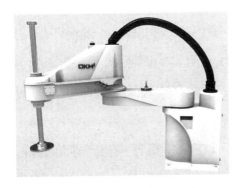 

图 11-22　Hercules 系列机器人　　图 11-23　Athena 系列机器人

另外，李群自动化研制的 MT2 手持示教器产品是在互联网开放平台的基础上进行研发的，适用于工业机器人、机械手、自动化、大型加工中心等应用场景,不仅具有灵活友好、操作简单、功能丰富的人机交互功能,还能够有效降低机器人使用门槛,并提高生产效率,如图 11-24 所示。

图 11-24　MT2 手持示教器

李群自动化还推出了很多与工业机器人配套的系统软件,如 Hawkeye 视觉软件、Dragon 传送带跟踪管理软件、Swift 飞拍视觉系统以及 Falcon 手眼标定系统。

例如,Hawkeye 视觉软件是李群自动化专为自身系列机器人产品量身打造的视觉系统,内置边缘检测、二维码识别、模板匹配、连通域识别以及光强度记录等多功能模块和丰富的图像处理功能,同时采用便捷、高效的交互界面,简单易用,用户只需设置参数即可完成视觉部分的工作,使系统作业更方便、快捷。

再如,Swift 飞拍视觉系统可以在保持机器人生产速度的同时完成二次纠偏操作,能够与各系列机器人完美地衔接,同时在抓取、放置过程中可以做到视觉定位零秒等待,大幅提升工件的放置精度和速度,如图 11-25 所示。

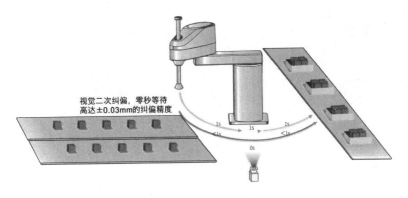

图 11-25　Swift 飞拍视觉系统

李群自动化积累了非常深厚的无人工厂技术，打造了"高品质机器人＋开放性应用软件平台＋个性化智能解决方案"的产品体系，能够针对客户的定制化需求提供最佳的解决方案，帮助企业极大地节省成本，同时助力无人工厂行业的新发展。

第 12 章

无人农场：解放劳动力的农业新模式

无人农场主要是指农作物和畜牧业生产的"无人化"，用人工智能、计算机视觉、自动导航等技术赋能农业生产，实现多种场景下的长时间"无人化"作业，解决农业劳动力短缺的问题，同时加倍提升农作效率。

12.1 无人农场概述

未来由谁来种地？如何种好地？耕地从哪里来？这三大问题都可以通过无人农场来解决。随着现代科技的发展，农业生产与经营管理中融入了更多"无人化"新技术，并成为农业转型升级的突破口。

本节将带大家认识无人农场的定义，了解无人农场的机械设备和关键技术，看看无人农场究竟是如何实现"无人化"生产的。

12.1.1 无人农场的定义

什么是无人农场？简单来说，就是利用无人机、无人驾驶技术和自动化生产设备等设施，使农业的生产过程实现全面的"无人化"操作，农民只需通过相关的软件和数据做出判断和处理，真正实现农业的全自动化和现代化。

例如，对于水稻种植来说，无人农场从播种、施肥、喷药到收割全部实现"无人化"的操作和管控，并通过无人驾驶车辆和小型无人机实现实时监测，同时通过网络掌握和传输种植数据，整个过程中无须人工劳动，如图12-1所示。

图12-1　无人机施肥

12.1.2 无人农场的机械设备

无人农场的机械设备包括无人机和无人驾驶车辆,如无人驾驶收获机、无人驾驶运粮车、无人驾驶耕种作业机、无人驾驶播种机、无人驾驶田间管理机等。各种设备通过协同作业,实现全流程"无人化"作业。

这些农用无人驾驶车辆通常都具有多机联动、路径规划、路径跟踪、自动调头、自动避障、集群调度、远程控制、智能决策等功能,能够降低劳动强度,提升生产效率,有效解决农业劳动力短缺的问题,如图 12-2 所示。

图 12-2 农用无人驾驶车辆

图 12-3 所示为基于北斗定位系统推出的无人驾驶播种机,农民可以将地块数据和车辆行进的路径提前设定好,该车辆会沿着路线匀速前进,自动完成播种、铺膜等工作,日播种工作量可达到百亩。

图 12-3 无人驾驶播种机

12.1.3 无人农场的关键技术

传统农场存在生产数据采集滞后、残缺，生产险情发现延长，人工成本高，工作耗时长，生产效率低等问题，而且高度依赖人工操作，环境检测、判断不精准，同时环境因素对于动植物的生长影响非常大，收益普遍偏低。

无人农场主要用到了物联网、大数据、人工智能等关键技术，帮助传统农场实现了"智慧农场"的转型升级。

1．无人农场的物联网技术

无人农场通过将物联网、云平台与农业生产进行深度结合，用各种定制化的传感器打造完美的智慧农业物联网解决方案，适用于智慧农田种植、智慧温室大棚、智慧畜牧养殖、智慧水产养殖等场景，如图 12-4 所示。

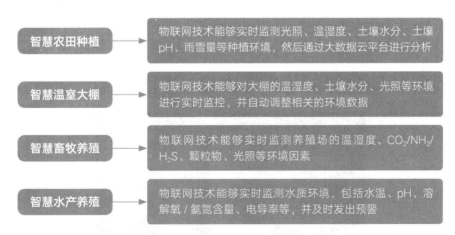

图 12-4　物联网技术提供的智慧农业解决方案

例如，精讯畅通是一家专业的物联网传感器与解决方案提供商，为农场提供了"数据采集＋数据传输＋云平台"的解决方案，如图 12-5 所示。

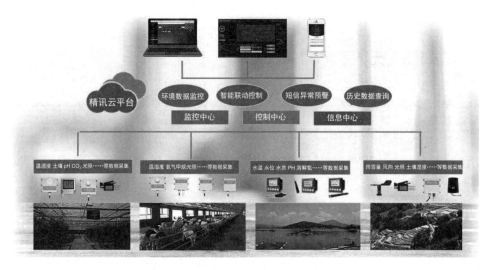

图 12-5 物联网云平台的方案设计架构

> **专家提醒**
>
> pH 是指氢离子浓度指数(hydrogen ion concentration),即溶液中氢离子的总数和总物质的量比。在 $CO_2/NH_3/H_2S$ 中,CO_2 指二氧化碳,NH_3 指氨气,H_2S 指硫化氢。

在无人农场的物联网技术应用中,通常会用到 CO_2 传感器、温湿度传感器、土壤类传感器、光照类传感器、天气类传感器以及水质传感检测。例如,雨量传感器就属于一种天气类传感器,主要用来测量雨水量的大小数据,如图 12-6 所示。

图 12-6 雨量传感器

2．无人农场的大数据技术

在无人农场中运用大数据技术不仅能提高农业效率，还能很好地保障食品安全，实现农产品的优质优价。例如，SAP（思爱普）推出的数字化农牧业解决方案，通过大数据技术为农牧业生产与耕作、源头采购与贸易、商品和食品加工、食品供应链管理、市场营销与销售等环节赋能，能够让农牧业企业更高效地运行，实现从农场到餐桌的"端到端"粮食管理，如图12-7所示。

图12-7　SAP数字化农牧业解决方案

农场通过使用SAP的数字化农牧业解决方案，让农民可以实时查看各种农业生产的相关数据，如所种植的农作物类型、光照强度、土壤中的水分和肥料分布情况等，根据这些数据更好地优化生产，实现增产增收。

3．无人农场的人工智能技术

无人农场中应用到了大量的人工智能技术，如自动化喷洒农药、实时监控、物料采购和数据收集等，优化了农业现代化管理，减少了许多时间和人力成本，极大地提高了农牧业的产量。人工智能在无人农场中的应用，主要体现在预测天气变化、优化农艺管理和室内农业管理三个方面。

(1)预测天气变化。预测天气变化有利于获取最新的天气预报,减少因天气变化造成的农作物损失,且获取的气象信息能帮助农民做出正确合理的决策,顺利地进行农业生产。图 12-8 所示为借助智能化的田间气象站进行天气跟踪。

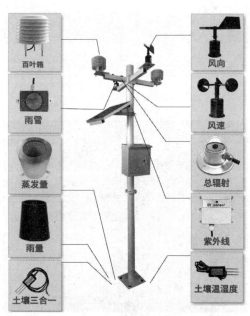

图 12-8 田间气象站

(2)优化农艺管理。利用大数据和人工智能等技术为农民提供农业问题的解决方案,可以协助其调整耕种计划或更换农作物,提高土地的土壤肥沃度和利用率,并且可以预测产量。通过人工智能对农田的各种数据进行可视化的预测和分析,可以建立正确、有效的耕种模式,减少气候因素的影响,以提高农作物的预期产量。

(3)室内农业管理。室内农业近几年来发展迅速,已成为农业发展的新方向。室内农业具有很大的优势,如用水量控制更加精准、土地面积利用率更高和化学肥料安全性更好。当然,室内农业的发展依然面临很多困难和挑战。所以,室内农业需要借助人工智能实现自动化和智能化的生产管理。

例如，通过人工智能传感器采集物理数据，可以更好地控制室内农作物的光线和调节水分，并及时监测每株农作物的健康状况，同时人工智能技术还可以自动为其配置最合适的气候条件。

12.2 无人农场的发展原因

当农场遇上了"无人化"技术，也许在不远的将来，农民足不出户即可通过各种智能化设备把地耕好，把秧插好，让粮食自动归仓。同时，随着无人农场的逐步落地，过去那种"面朝黄土背朝天"的场景将一去不复返。

那么，无人农场为什么会成为发展趋势？究竟有哪些因素在推动它的发展呢？笔者认为，至少包括三个方面的原因：农村劳动力呈现出老龄化现象；"机器换人"是大势所趋；信息技术进步的推动。

12.2.1 农村劳动力呈现出老龄化现象

如今，随着大量农村青年劳动力转向城市发展，农村的实际居住人口已经呈现出非常严重的老龄化趋势，甚至有人这样描述："庄稼地里草帽晃，近看全是白头翁。"可以说，"老龄化农业"已成为农村一线劳动力的真实写照。

国家统计局发布的第七次全国人口普查关键数据报告显示，2021年的老年人数相对于2020年上升了5.44%，相关的人口年龄构成情况如图12-9所示。

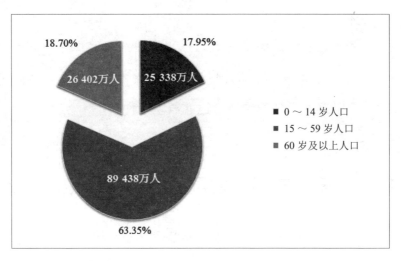

图 12-9 人口年龄构成情况

人口老龄化将会产生一系列社会问题，如加重社会负担、老龄伦理问题越来越突出、劳动力短缺，同时对产业结构的调整也有较大影响。

而无人农场的出现，是解决农场人口老龄化问题的一剂良方，通过运用新的农业科技技术，不仅可以帮助留守老人减轻农业劳动负担，还可以实现农业增效、农民增收的目标。

12.2.2 "机器换人"是大势所趋

"机器换人"是指使用自动化、智能化的装备代替人类进行作业，其本质就是利用"技术红利"替换"人口红利"，是推动传统农业实现产业转型升级的一项重要举措，同时也是"无人经济"时代发展的大势所趋。

对于传统农业来说，实施"机器换人"战略可以提高农场的生产效率，还可以提升劳动力的素质，其作用如图 12-10 所示。

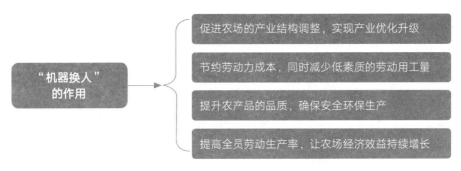

图 12-10 "机器换人"的作用

12.2.3 信息技术进步的推动

人类通过信息技术实现了与外部交流的目的，信息技术的进步主要体现在那些能够帮助人类获取、储存、处理、传播信息的工具和方法。如今，随着数字化、网络化、智能化等技术的发展，各种信息技术在推动农业经济发展方面发挥着越来越重要的作用，同时也促进了无人农场的发展。

对于传统农业来说，必须加快信息化进程，充分发挥信息技术的重要作用，推动农业经济的新发展。信息技术对于无人农场的主要作用如下。

- ❏ 促进农场的产业结构调整。
- ❏ 提高农业生产要素的利用效率。
- ❏ 加速农业相关的高新科技的研发与应用。
- ❏ 创新农场的管理方法与理念。
- ❏ 提升农民素质，培养更多高技能人才。

无人农场通常有较高的信息化和数字化基础，能够根据不同农场的具体情况提供更加个性化的生产方案。例如，运用信息化技术打造的智能灌溉系统，能够实时监控农业生产中的环境温度、湿度、光照强度、土壤墒情等参数，这些信息传输到系统后，经过系统分析和处理，设置合理的灌溉设备运行条件，使农田、果园等场景实现智能化灌溉，如图 12-11 所示。

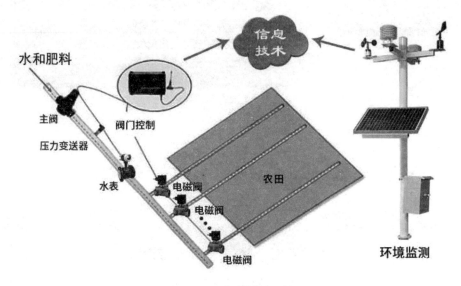

图 12-11　智能灌溉系统

12.3　无人农场的应用场景

如今，"无人经济"这种包含前沿科技的商业模式正在和农业"牵手"，无人农场的数量也正在逐步增加。在农田灌溉、施肥、播种、农业信息监测以及污染控制等领域，无人农场均有其用武之地。

本节主要介绍无人农场的应用场景，包括无人大田农场、无人果园农场、无人温室农场、无人牧场、无人渔场等，看看这些传统农业领域是如何玩转无人农场的，能够给相关从业者提供一些可供借鉴的经验。

12.3.1　无人大田农场

无人大田农场主要通过提升农业生产的智能化水平，将物联网、智能设备技术与大田农业生产进行深度融合,弥补传统农业生产的信息化短板,提升农场的精准化、智能化、信息化水平。

例如,清除杂草是农业生产中的重要环节,然而过去传统农业严重依赖化学农药,结果造成大量的农药残留,不仅污染环境,而且危害人类健康。

图 12-12 所示为 AI 除草剂喷洒机。使用人工智能图像识别技术开发出了能够分辨杂草的智能除草剂喷洒机。用智能除草剂喷洒机进行喷洒,相比过去传统的农药喷洒,既降低了成本,又提高了效率,同时也提高了对环境和农作物的保护。

图 12-12　AI 除草剂喷洒机

图 12-13 所示为无人驾驶旋耕机,它可以自动完成田园开沟、松土施肥、荒地除草、起垄培土、沟壑回填、农作物还田等工作,帮助农民轻松搞定田地工作,解放劳动力。

图 12-13 无人驾驶旋耕机

"无人化"技术可以实现大田农场的自动化农业生产,增加农作物的产量,优化农业生产管理,加速农业现代化的建设。

12.3.2 无人果园农场

在无人果园农场场景下,农民在家用手机或计算机即可完成果园的采摘、浇水、施肥等工作,同时果园检测系统还可以实时分析土壤数据,预警果园病虫害,等等。

果园农场每到收获的季节,就需要大量的劳动力进行农作物的采摘。但是,在如今劳动力短缺,人口日益老龄化的当下,劳动力稀缺困扰着行业的发展。而融合人工智能和多传感器技术的果蔬采摘机器人可以很好地解决这个问题,如图 12-14 所示。与人工相比,果蔬采摘机器人可以提高工作效率,减少农作物的损失,同时也减少了人工成本,而且智能化程度较高。

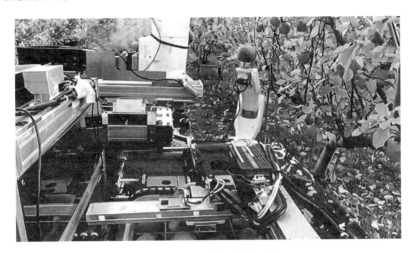

图 12-14 果蔬采摘机器人

另外,害虫对于果蔬种植来说也是一个非常棘手的问题。在无人果园农场中,可以采用虫情检测系统有效杀灭水果、花卉、蔬菜等植物的蛾蝶类害虫,集害虫诱捕、拍照、环境信息采集、数据传输和数据分析等功能于一体,从而杜绝农药化学物品对农民的健康造成侵害,以及对周围的环境造成污染,如图 12-15 所示。

图 12-15 虫情检测系统

12.3.3 无人温室农场

对于传统温室大棚来说，农作物数量越多，品种越名贵，管理难度和生产风险就越大。无人温室农场的出现，不仅可以帮助农民更好地监测和控制温室的环境和农作物的生长情况，有效地规避和减少由于人为因素造成的生产经济损失，还能够极大地提高农作物的产量和质量。

在无人温室农场中，通过采用智能温室监测系统，可以让农民通过各种传感器和网络实时获取农作物的生长环境信息，并根据这些信息的反馈实现自动化的灌溉、降温、卷模、施肥、喷药等工作，如图12-16所示。其中，EC值主要用来测量溶液中的可溶性盐浓度。

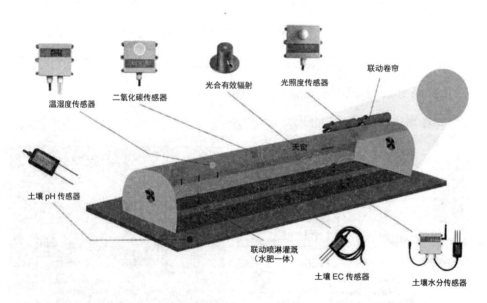

图 12-16　智能温室监测系统

无人温室农场真正地实现了无人化管理，通过为农作物提供一个稳定的生长环境，使得农作物种植达到最优的产量，同时还有助于降低人工成本。

12.3.4　无人牧场

我国是一个畜牧业大国，然而采用传统的养殖方式，不仅生产效率低，而且在污染治理、疾病防控以及食品安全等方面存在不少问题。牲畜的成长与整个牧场的环境息息相关，一旦环境质量变差，很可能导致牲畜发育不良，甚至还会暴发疫病。

如果家禽或家畜受到疾病的影响，造成的损失是非常巨大的。而且在养殖的过程中，即便是经验非常丰富的饲养员也不能做到对每头动物的情况都一清二楚，但人工智能等技术可以解决这个难题。

在无人牧场中，通过运用牧场环境智能监控系统，如图 12-17 所示，可以在线监测牲畜生长的环境信息，同时通过智能无线控制设备自动调控牧场的生长环境条件，以实现牲畜的健康生长和繁殖，从而提高牲畜的生产率，进而提高经济效益。

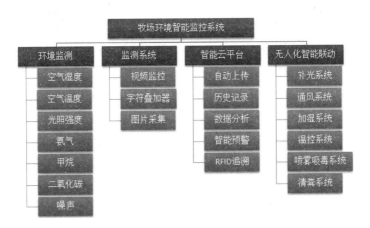

图 12-17　牧场环境智能监控系统

12.3.5　无人渔场

我国的水产养殖发展非常迅猛，产量稳定增长，并且连续二十多年位于世界前列，而且占到了全球总产量的七成，是名副其实的水产养殖大国。对于渔场的水产养殖环境来说，有溶氧值、透明度、酸碱度和温度四个基本要求。例如，池水的酸碱度不仅会影响鱼类的生长、生活，还会对池水中的营养素产生影响。

在无人渔场中，通过运用水质环境监测系统这种智能化作业设备，可以实现渔场环境的集中、远程、联动控制，其控制层主要包括增氧泵控制、循环泵、摄像头控制以及投料机控制等，不仅可以全面监控渔场作业情况、环境情况，还可以实现精准投料、网络化水质监测、联动增氧等功能，如图12-18所示。

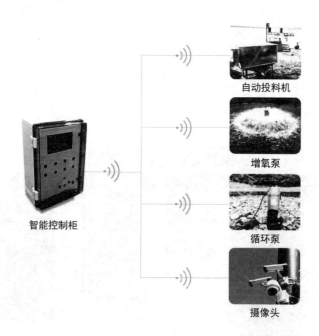

图12-18 水质环境监测系统的控制层